AF717305

Für alle, die immer an mich geglaubt haben.

ROMEON
VERLAG

Du auch?!
1. Auflage, erschienen 3-2023

Umschlaggestaltung: Romeon Verlag
Autorin: Christine Lemmer
Layout: Romeon Verlag

ISBN: 978-3-96229-447-2

www.romeon-verlag.de

Bibliografische Information der Deutschen Nationalbibliothek:
Die Deutsche Nationalbibliothek verzeichnet diese Publikation in der Deutschen Nationalbibliografie; detaillierte bibliografische Daten sind im Internet über *https://portal.dnb.de/opac.htm* abrufbar.

Christine Lemmer

Du auch?!

Auch eine schlechte Startposition kann ein guter Beginn sein

Risiko

Es gibt zwei verschiedene Haltungen
Gegenüber dem Leben.

Die eine: Streben nach Sicherheit.

Die andere: Sich über Schicksal und Zeit
Und alles das erheben.

Das Risiko muss man bejahen:
Man arbeitet ohne Seil.

Es macht nichts, wenn man sich außen verletzt:
Innen bleibt man heil.

Das ist die Haltung der Sucher und Finder:
Nicht auf Sicherheit, *auf Sinn eingestellt,*
Können sie auf fast alles verzichten,
Nur nicht auf ihren Entwurf von der Welt.

Eva Strittmatter

Inhalt

Warum schreibe ich dieses Buch?

Dieses Buch ist für mich eine Herzensangelegenheit: Aus meinem Herzen soll es die Menschen erreichen. Schon als Kind habe ich mir vorgestellt, mal ein Buch zu schreiben. Unklar war mir immer das Thema.

Ich war schon immer eine Leseratte und liebe es, mit einem Kopfsprung in ein Buch zu tauchen und dort zu leben. Auch Bücher über Menschen, die einen weiten Weg mit vielen Umwegen gehen, faszinieren und begeistern mich immer wieder, da sie mir Mut und Hoffnung geben, meinen Weg weiter-zu-gehen. Zu wissen, dass es da andere gibt, denen es ähnlich geht, tut mir gut.

Zudem begegnen mir in meinem Leben immer wieder Menschen, die mich dazu ermuntern, dieses Projekt zu realisieren. Meine Mutmacher!

Ganz entscheidend ist sicherlich, dass ich die Frage »Wer will das schon lesen?« begraben habe. Denn selbst, wenn nur ein Exemplar gedruckt werden würde, die Geschichte, meine Geschichte, möchte das System verlassen, und zwar genau jetzt.

Das hängt sicher auch mit meinem Neustart am Niederrhein vor zwei Jahren zusammen. Durch ihn schaffte ich es, ganz viel Gewesenes hinter mir zu lassen und vor allem loslassen zu können.

Ich schreibe dieses Buch auch, um anderen Mut zu machen, trotz oder gerade wegen einer schlechten Startposition ihren ganz eigenen Weg zu gehen.

Ich war da in vielerlei Hinsicht sicher sehr radikal, doch für mich ist das mein Weg. Ich bereue keine einzige Sekunde oder Entscheidung – so oft ich an meinem Abgrund gestanden habe und mir auch heute noch hin und wieder die Frage stelle: »Wofür das alles?«

Es lohnt sich aus meiner Sicht immer wieder aufs Neue, da wir etwas so Wundervolles geschenkt bekommen haben: unser Leben.

Was ich mir wünsche?

Dass die Menschen Freude an diesem Buch haben, mit der gesamten Palette, die für mich zu einem Buch gehört.

Ich wünsche mir, dass gelacht, geweint, gestaunt, der Kopf geschüttelt, sich empört und gefreut wird. Dass eine Passage im Gedächtnis bleibt, die man anderen erzählt oder dass man sich immer wieder berühren lässt.

Ich wünsche mir, dass man das Buch nicht mehr aus der Hand legen möchte, bis die letzte Seite verschlungen ist.

Vor allem wünsche ich mir, meine Leser zu inspirieren und mutig zu machen, neugierig auf dieses Leben, das immer wieder so wundervolle Momente bereithält.

Noch eine kleine Warnung: Die Lektüre dieses Buches könnte Ihr Leben positiv beeinflussen!

Also, auf geht's ins Abenteuer Leben.

Ihre Sonnenschein-Mutmacherin

Christine

Der Start

… klingt erst mal normal.

Los ging das Abenteuer Leben an einem hoffentlich sonnigen Junitag des Jahres 1976. Gestartet bin ich ein paar Tage verspätet an einem Nachmittag im Kreißsaal, in einer der Städte des Bergischen Städtedreiecks.

Wie ein Bild aus dieser Zeit belegt, ging mir Lärm schon damals auf den Keks. So klein, wie ich war, hatte ich mir die Finger in die Ohren gesteckt. Das hat sich bis heute so gehalten.

Auch die Präzision, die sich durch mein Geburtsgewicht von exakt 4.000 g ausdrückte, ist bis heute geblieben. So werden die Grundsteine wohl schon sehr früh gelegt.

Alle weiteren Informationen aus dieser Zeit stammen aus Überlieferungen, da ich, wie sicher viele, keine Erinnerung daran habe.

Wenn ich Fotos betrachte, sehe ich einen Sonnenschein, der sich mit elf Monaten schon auf die eigenen Füße stellte, um die Welt zu entdecken. Auch vor Wasser, das mich seit jeher fasziniert, habe ich nicht Halt gemacht und ab ging es in den Kochelsee, wo wir Urlaub machten.

Als ich knapp zwei Jahre alt war, wurde unsere Familie durch meinen Bruder komplettiert.

Die ersten Lebensjahre habe ich am Fuß einer großen Sehenswürdigkeit des Bergischen Landes verbracht. Allein durch die Lage hatte dieses Aufwachsen einen eher dörflichen Charakter, was meiner Persönlichkeit sehr entgegenkam. Ich sage heute noch über mich, dass ich ein Landei bin und bleibe.

Ich bin dort in den Kindergarten gegangen und die ersten drei Jahre in die Grundschule. Nach anfänglichen Kontaktschwierigkeiten, die durch meine erste Beurteilung belegt sind, hatte ich mich prima in die Klasse integriert und es gab sogar den einen oder anderen Verehrer. Meinen ersten Kuss habe ich im Gartenhäuschen eines Klassenkameraden bekommen.

Auch in dieser Zeit wurde ich sehr kurzgehalten, was meine Kontakte anging, doch wenn ich daran zurückdenke, war es eine schöne Zeit.

Andere Verwandte haben in dieser Zeit keine Rolle gespielt.

In den Sommerferien, als der Wechsel von der dritten zur vierten Klasse bevorstand, sind wir auf Wunsch meiner Mutter umgezogen. Ich kann bis heute nicht nachvollziehen, warum das unbedingt sein musste. Wir sind ans andere Ende der Stadt gezogen und ich wurde komplett entwurzelt: alle Kontakte gekappt. Ich musste in der Grundschule für ein Jahr neu anfangen und außerdem mit dem Bus zur Schule fahren. Ich weiß noch, wie wir vor unserem neuen Wohnhaus standen und meine Mutter den großartigen Garten anpries. Derweil habe ich nur gedacht: Was soll ich hier? Das auszusprechen hätte ich jedoch nicht gewagt. Ich traute mich noch nicht mal zu weinen, als schließlich der Abschied von meinem vertrauten Leben anstand.

Ich weiß nur noch, dass mir meine liebe Grundschullehrerin den Weggang so leicht wie möglich gemacht hat, denn ich bekam den Troll, den es sonst zum Abschluss der Grundschule gab, schon ein Jahr vorher. Ich besitze ihn heute noch, genau wie das Spiel, das sie mir ins Krankenhaus gebracht hat, als ich mir den Ellenbogen gebrochen hatte und operiert werden musste. Sie ist sicher ein Engel meines Lebens.

Mich in die neue Klasse zu integrieren, habe ich ganz gut hinbekommen. Da wenige meiner Klassenkameraden in der unmittelbaren Umgebung lebten, blieben die Kontakte begrenzt. Die Abschlussfahrt ging zu einem Ponyhof, wo ich meine Liebe zu Pferden entdeckte. Guten Kontakt gab es zu den Nachbarmädchen ein Haus höher und da vor allem zu der Kleineren, die ungefähr ein Jahr jünger war als ich. Wir haben stundenlang auf der Treppe gesessen, gequatscht, Gummitwist gespielt oder waren im Wald. Dort haben wir uns unsere Welt gebaut. Das war eine unbeschwerte Zeit da draußen. Wir waren auch sehr geschickt. Im Garten stand ein Pool, in den ich ab und zu auch mit reindurfte. Mit den Mädchen bin ich immer mittwochs in die Mädchenjungschar gegangen.

Als Kind und Jugendliche erschien mir der Berg, an dem wir wohnten, immer unglaublich steil, kaum zu bewältigen. Ich war vor einiger Zeit noch einmal dort und baff, dass der Berg gar nicht so steil ist. Nur das Haus sah noch genauso aus wie vor 21 Jahren, als ich dort ausziehen musste. Es gab im Garten sogar noch ein Wagenrad, das dort schon in meiner Kindheit gehangen hatte. Wir wohnten schon jwd.

So hieß es auch, mit dem Bus unterwegs zu sein, als ich auf die höhere Schule kam – eine der besten Entscheidungen meiner Mutter, bei der sie sich durchgesetzt hat. Ich bin auf einer Gesamtschule angemeldet worden. Wir waren dort erst der zweite Jahrgang und für mich war es die perfekte Schulform. Ich hätte heute kein Abitur, wenn ich nicht dort gelandet wäre. Doch das Wichtigste für mich ist die soziale Kompetenz, die ich dort erworben habe. Auch für mich als Spätentwicklerin und jemand, der immer etwas länger braucht, hat diese Schulform Vorteile gebracht.

Mir fällt gerade auf, dass ich gar nicht viel von der Familie erzähle. Das ist auch alles verschwommen. Ich hatte immer viel Zoff mit meinem Bruder, das weiß ich. Mein Vater spielte keine Rolle und meine Mutter hat die Richtung vorgegeben. Ich weiß nur, dass mein Vater Tag für Tag mit dem Fahrrad durch die ganze Stadt zur Arbeit gefahren ist. Auch kenne ich es fast nur so, dass er auch samstags gearbeitet hat. Alle vier Wochen ging er sonntags kegeln und wenn wir ihn abholten, war immer eine komische Stimmung und ich habe den Kopf eingezogen.

Ich kann mich weder an Gespräche erinnern noch daran, dass ich mal in den Arm genommen wurde oder jemand mit mir gekuschelt hat. Dass dies sehr wohl zu einem Familienleben gehört, habe ich erst als Jugendliche gesehen, als ich mit einer Freundin und ihrer Familie in der Schweiz im Urlaub war. Sonst hatte ich keinen Einblick in andere Familien.

In meinem Leben gab es über eine lange Zeit einen straffen Tagesplan, der aus Schule und Sport bestand. Dazu kamen am Wochenende die Wettkämpfe, was Stundenlanges Herumsitzen in einer Schwimmhalle bedeutet hat. Auch wenn ich das Schwimmen nie richtig gemocht habe, war es wohl ein wichtiger Baustein, um diese Zeit zu überleben. Im Schwimmbecken hatte ich meine Ruhe. Es gab in der Familie keine Diskussion darüber, welchem Hobby man nachgeht.

Als ich mal den Wunsch geäußert hatte, dass ich gerne Klavier spielen möchte, wurde dieser abgebügelt mit den Worten: »In unserer Familie ist man nicht kreativ.« Nachdem ich wohl schon sehr früh gelernt hatte, dass es gar nichts bringen würde, dann ein weiteres Mal zu fragen, habe ich den Wunsch einfach abgelegt und weitergemacht mit dem, was geduldet wurde. Auch am Tanzen hatte ich schon immer großes Interesse: Funkenmariechen wäre ich gerne gewesen, Ballett hätte ich gerne gelernt und als in meinem Heimatort das Cheerleading aufkam, wurde mir mit den Worten: »Hast du mal in den Spiegel geschaut, so wie du aussiehst willst du tanzen?« der Wind aus den Segeln genommen.

Eine Zeit lang habe ich im Schulchor gesungen und als jemand für eine Schulaufführung ausgefallen ist, habe ich bei einem Tanz mitgemacht. Heimlich, weil ich Angst hatte, dass es mir verboten werden könnte.

Ich habe nur Bilder meiner Einschulung, auf denen ich allein mit Schultüte zu sehen bin. Keine Familie!

Ich bin immer gerne in die Schule gegangen und für mich gab es nichts Schöneres als gute Noten: Zahlen, die feststanden, die man nicht zerreden konnte. Dort habe ich Fakten geschaffen. Ich habe mich immer mündlich beteiligt. Da hat man mir wenigstens mal zugehört, denn neugierig auf das Leben war ich schon immer.

Sehr früh musste ich mit meinem jüngeren Bruder im Bus durch die halbe Stadt zum Schwimmtraining fahren. Nach dem Training wurden wir meistens von unserer Mutter mit dem Auto abgeholt und hatten zehn Minuten Zeit, um uns anzuziehen, sonst wäre meine Mutter gefahren.

Ich weiß noch: Wenn mein Bruder und ich eine gute Phase hatten, haben wir unser Telefongeld in Süßigkeiten umgesetzt.

Generell wurde das Essen zu Hause rationiert. Ich durfte noch nicht einmal allein an den Kühlschrank gehen und mir etwas nehmen. Der Satz: »Iss nicht so viel, sonst wirst du dick« hat mich durch diese Zeit begleitet. Genauso der Umstand, dass mein Bruder immer »Dicke« zu mir gesagt hat. Sowohl in der Schule als auch im Schwimmverein wurde ich immer mehr zur Außenseiterin. Ich wurde auch immer verschlossener. Nur die Erweiterung meines Wissens konnte mich wirklich begeistern. Ich kann mich nicht daran erinnern, dass mir mal jemand bei den Hausaufgaben geholfen oder zum Beispiel Vokabeln mit mir geübt hat. Ich kann bis heute das große Einmaleins nicht und auch die Regeln der Rechtschreibung sind mir fremd. Wenn ich heute zurückschaue, finde ich das einerseits erschreckend und andererseits absolut bewundernswert, dass ich ein Abitur mit einem Notendurchschnitt von 2,4 hingelegt habe.

Wenn meiner Mutter irgendetwas nicht gefallen hat, – was oder wie ich etwas gemacht habe – wurde ich ins Zimmer geschickt: »Wenn du wieder normal bist, kannst du wiederkommen.« Es wurde dann auch nicht mehr darüber geredet. Ich hatte wieder zu funktionieren.

Ich durfte bei niemandem übernachten, auch nicht bei den Großeltern. Meine Mutter meinte, das würde zu einer Entfremdung führen. Im Teenageralter wurden mir meine Freunde sogar noch schlechtgeredet.

Da ich mich nie gewehrt habe, wurde ich auch in der Schule ein Mobbingopfer. Eine Klassenkameradin hat mir nach dem Sport in der Umkleidekabine mal beide Oberarme verkratzt. Es hat richtig geblutet und die Narben sieht man heute noch. Da ich auch bei Streit mit meinem Bruder immer die Schuld bekommen habe, habe ich zu Hause nichts mehr erzählt und langärmelige Pullover getragen, bis alles verheilt war. Es gab niemanden, dem ich genug vertraut hätte, um diese Vorkommnisse zu erzählen. Also bin ich noch stummer geworden und habe die Dinge still ertragen. Ich kannte es nicht anders.

Das bringt mich auf eine Geschichte, die meine Mutter gerne zum Besten gegeben hat. Sie brüstete sich damit, diesen Trick herausgefunden zu haben. Ich weiß nicht, wie alt ich gewesen bin, doch war es wohl so, dass ich in die Hose gemacht habe, wenn sie mich aufforderte, mein Zimmer aufzuräumen. Meine Mutter hat dann in meinem Beisein voller Stolz erzählt, dass sie mich stets erst zur Toilette geschickt und danach gesagt habe, ich solle mein Zimmer aufräumen.

Auch mein Bruder hat mich gerne als seinen persönlichen Punchingball benutzt. Er hatte es in Perfektion drauf, mich so lange auf die Palme zu bringen, bis ich zugeschlagen habe, damit er aufhörte. Es ging sogar so weit, dass ich mir dabei meinen kleinen Finger gebrochen habe, der sogar mit einem Nagel versorgt werden musste. Der Kommentar war: »Du kannst ja gar keinen Wettkampf am Wochenende schwimmen.«

Und dann ab damit unter den Familienteppich. Ich weiß noch, wie ich alleine im OP lag und der Nagel da reinkam.

Das erinnert mich auch an einen Besuch beim Zahnarzt. Nach der Behandlung wurde ich wieder wach und war verwirrt und allein.

Als ich mit fünfzehneinhalb das erste Mal meine Tage hatte, wurde ich von meiner Mutter mit Material versorgt. Ich wollte nicht zum Training gehen. Also hat sie meinen Trainer angerufen und ihm alles gesagt. Am nächsten Tag musste ich bei ihm zum Gespräch antanzen und mir einen Vortrag darüber anhören, dass ich trotzdem zum Training kommen könne. Ich kann die Demütigung und den Verrat heute noch fühlen. Danach hat mein Zyklus wieder komplett aufgehört. Er hängt auch heute noch von meinem seelischen Zustand und Stresslevel ab. Normalisiert hat er sich immer nur für kurze Phasen. Es wurde auch nie mehr nachgefragt oder darüber gesprochen. Mein erster Besuch beim Frauenarzt war dann mit über achtzehn, um mir die Pille verschreiben zu lassen.

Vieles wurde reglementiert und kontrolliert in meinem Leben und die Dinge, um die sich hätte gekümmert werden müssen, wurden unter den Teppich gekehrt.

Kranksein bedeutete immer noch mehr Isolation, als eh schon da war. Also habe ich Dinge verschwiegen und selbst kuriert oder einfach abgewartet, bis ich wieder gesund war. Leider neige ich auch heute noch dazu.

Sehr lange hat meine Mutter die Klamotten rausgesucht, die ich ohne Diskussion anzuziehen hatte, sodass ich nie wirklich einen eigenen Stil entwickelt habe. Ich weiß gar nicht, wo die Klamotten herkamen. Wenn ich als Teenager zum Frühstück kam, gab es morgens schon einen Spruch: »Wie siehst du denn aus? Grün und Blau schmückt die Sau.« Dann war der Tag schon gelaufen. Und auch bloß nichts Enges – auch heute noch ein Thema, an dem ich arbeite.

Ich hatte nie lange Haare. »Steht dir nicht und ist beim Schwimmen unpraktisch.« Es wurde sogar Dauerwelle in die eh lockigen Haare gemacht. Ich sah aus wie ein Pudel. Das alles als Haarmodell, da es dann nichts kostete. Heute liebe ich meine naturbraune Lockenmähne.

Selbst im Erwachsenenalter, als ich mal zu Besuch bei meiner Mutter war, durfte ich mir anhören: »Überall fliegen deine Haare rum.« Ich liebe meine Haare!

Da ich auch körperlich eine Spätentwicklerin war und kurze Haare hatte, sah ich eher wie ein Junge aus. Das brachte eine unerfreuliche Geschichte mit sich. Wir hatten mit unserem Vater eine Radtour von Jugendherberge zu Jugendherberge geplant und im Gästehaus in Bremen ein Familienzimmer bekommen. Ein Bett war noch frei. Dann hat man uns noch einen Mann aufs Zimmer geschickt. Mir war das unangenehm. Mein Vater hat kein Veto eingelegt und so habe ich auch das über mich ergehen lassen. Es sei doch nicht so schlimm und kein Problem.

Das war eh eine harte Tour: Wir sind durchs Moor gefahren und mir hing der Magen schon in den Speichen.

»Nein, wir fahren weiter. Im nächsten Ort gibt es bestimmt was Besseres.« Also, weiter ging es.

Mein Bruder und ich haben als Kinder oft überlegt, zu verschwinden. Wir wussten nur niemanden, zu dem wir hätten gehen können, niemanden, dem wir vertrauten. Ich wäre immer gerne ins Internat gegangen. Freiwillig!

Während meiner Pubertät gab es einen Zeitpunkt, an dem ich sicher das erste Mal eine Depression hatte. Damals habe ich auch mal einen Tag im Bett verbracht. Mein Lieblingslied war »Noch ein Leben« von PUR, in dem es darum geht, dass sich jemand von einem Hochhaus stürzt. Ich habe dieses Lied rauf und runter gehört. Da habe ich zum ersten Mal Todessehnsucht in mir gespürt. Auch seinerzeit hat sich niemand mit mir auseinandergesetzt. Mir wurde von meiner Mutter lediglich ausgerichtet, dass meine Oma gesagt habe, es sei ungesund, den ganzen Tag im Bett zu bleiben. Der gut erzogene Soldat ist dann aufgestanden und hat weitergemacht. Wie immer: Kiste auf, rein damit, zudrücken, wegpacken und weiter ging es.

Ich habe, bis ich mit 29 in meine erste Reha kam, am Daumen gelutscht. Es hat mich beruhigt. Bis dahin gab es auch einen immer wiederkehrenden Alptraum, der zum Glück seitdem verschwunden ist. In dem Traum befinde ich mich unter Wasser, über mir ist eine Eisschicht mit nur einem Loch. Ich gebe alles, doch ich erreiche dieses Loch nicht. Als mir dieser Traum immer wieder begegnete, war ich schon so weit verstummt, dass ich niemandem davon erzählte. Wem auch?

Auf jeder Familienfeier väterlicherseits wurden mir meine Verwandten von meiner Mutter schlechtgeredet. Um mir nicht ihren Unmut einzuhandeln, habe ich gar nicht erst versucht,

Kontakt aufzunehmen. So gab es auch von jener Seite keine Unterstützung beziehungsweise nur in dem Rahmen, den meine Mutter zugelassen hat.

Bei »Anna – der Film« war ich das erste Mal allein im Kino. Ich weiß noch, wie ich etwas hilflos in diesem großen Kino stand. Da war ich elf Jahre alt.

Irgendwann habe ich angefangen, Tagebuch zu schreiben. Ich denke, auch einfach aus der Not heraus, da ich nicht wusste, wo ich alles lassen sollte. Da gibt es einen Eintrag, anhand dessen mir damals beim Schreiben schon ganz klar ist, dass an der ganzen Situation, in der ich lebte, etwas nicht stimmt.

Ich konnte es nur nicht genau benennen. Ich kannte nichts anderes. Ich habe es also geschrieben und weggepackt.

Jahrzehnte später, als ich in alten Tagebüchern gestöbert habe, habe ich diesen Eintrag gefunden und war sehr verblüfft.

Während ich das Ganze hier aufschreibe, berührt es mich immer noch und doch denke ich, dass ich mittlerweile eine gute Distanz aufgebaut habe.

Es war sicher meine persönliche Hölle und noch heute stehe ich staunend vor mir selbst und frage mich, wie ich das geschafft habe.

Eine Coachin sagte mal, sie habe sich immer gefragt, wie ich das überlebt habe. Dann hat sie mich schwimmen gesehen, als sie mich für einen Beitrag von »Frau tv« begleitet hat. Daraufhin hat sie gesagt, jetzt wisse sie, wie. Ich habe mich schon sehr früh zur Einzelkämpferin ausgebildet. Eine Einzelkämpferin mit Familienherz. Das hat mir mein Überleben gesichert.

Die Musiktherapeutin hat in meiner ersten Reha zu mir gesagt: »Da haben Sie sehr früh sehr viel Verantwortung übernommen.«

Ja, das habe ich und dafür eine unbeschwerte Kindheit und Jungendzeit eingebüßt. Ohne das Gefühl von Sicherheit und Geborgenheit. Ohne das Gefühl, um meiner selbst willen geliebt zu werden. Ohne das Gefühl, dass da jemand ist, der mich unterstützt und hinter mir steht. Bedingungslos!

Es mangelte mir an allen Ecken und Enden. Es war einfach irgendwann bei mir geschlossen – wegen Einsamkeit. Nach außen hin habe ich meine Rollen gespielt, um zu überleben. Die Hoffnung hat mich weitermachen lassen. Die Hoffnung, dass dieser Kern in mir, den ich spürte, irgendwann leben darf.

Diesen Kern habe ich immer beschützt. Ich habe eine Mauer darum gebaut, weil es das Wertvollste ist, was ich habe. Auch wenn die Hoffnung am Horizont manchmal nur ein Punkt war, vertraute ich doch immer darauf, dass der Kern leben darf. Dass ich leben und lieben darf, so wie ich bin.

Heute darf dieser Kern leben und ich bin glücklich und dankbar dafür!

Ich möchte dieses Kapitel mit guten Erinnerungen beenden, weil sie es sind, an die ich mich erinnern möchte und die manchmal die ganze Geschichte erträglicher machen.

Es sind meine kleinen Schätze, die ich in meiner Schatztruhe aufbewahre.

Da ist eine sehr frühe Erinnerung: Ich sitze in der Firma, in der mein Vater gearbeitet hat, im Hochstuhl und bin quietschvergnügt.

Dann erinnere ich mich gerne an meine Großeltern väterlicherseits, bei denen es immer Mandelstuten mit Leberwurst gab. Vor Opa hatte ich zwar gehörigen Respekt und doch mochte ich ihn. Oma hat das mit ihrem riesigen Löwenherz ausgeglichen. Leider habe ich sie phasenweise gar nicht gesehen, immer dann, wenn meine Mutter den Kontakt abgebrochen hatte. Mit Oma habe ich einen Teil nachgeholt und bin einfach nur dankbar dafür.

Des Weiteren habe ich schöne Erinnerungen an eine meiner Tanten, die hin und wieder etwas mit mir unternommen hat. Sie hat mir großartige Bücher geschenkt. Ich habe immer zu ihr aufgeschaut und sie bewundert. Sie ist ein Vorbild für mich. Durch sie weiß ich, dass Frauen etwas schaffen und ihren Weg gehen können.

Zweimal im Jahr war es mein Highlight, mit meinem Vater die Autoreifen zu wechseln. Ich hatte ihn ganz für mich alleine und bin auch heute noch stolz darauf, zu wissen, wie man einen Reifen wechselt. Das hat mich immer alles interessiert und begeistert, ebenso wie die Drahterodiermaschine in der Firma, in der mein Vater gearbeitet hat. Ich weiß noch, wie fasziniert ich vor dem »Schuhkarton« gestanden habe. So gesehen war und ist mein Vater mein Held. Was er alles konnte! Dafür habe ich ihn immer bewundert.

An einen sehr nahen Moment mit meinem Vater erinnere ich mich noch. Es war ein trauriger Anlass und doch ist er mir positiv im Gedächtnis geblieben. Ich kam aus dem Urlaub, als mein Vater mir erzählte, dass mein damaliger Schwimmtrainer verstorben sei. Er hat mich tatsächlich in den Arm genommen. Dann hat er sich schon mal vorsorglich dafür entschuldigt, dass auf der Beerdigung auch bei ihm Tränen fließen könnten. Ich weiß noch, dass mich das damals irritiert hat. Heute schmunzele ich darüber. Auf der Beerdigung habe ich die Zeit mit meiner damaligen besten Freundin verbracht. Das war einer der wenigen kostbaren Momente, in denen mein Vater einfach mal für mich da war, ich wirklich Nähe gespürt habe.

Wenn es meiner Mutter einigermaßen gut ging, hatten wir auch schöne und lustige Momente. Nie mit viel Nähe, aber wir haben rumgeblödelt oder einen schönen Ausflug gemacht, zum Beispiel ins Allee-Center nach Remscheid.

Auch mit meinem Bruder verbinde ich einige schöne Erinnerungen. Wenn er mich nicht gerade als Punchingball oder Blitzableiter brauchte, haben wir zusammengehalten. Er hat mir Musik nähergebracht und als Teenager haben wir sonntagabends gebannt die SWR3-Hitparade gehört und die Musik mit einem Kassettenrekorder aufgenommen. Wir haben uns gemeinsam gerne den Beagle von nebenan zum Spazierengehen geholt.

Doch meine allerschönsten Erinnerungen gehören den Urlauben, die ich allein gemacht habe und besonders denen auf den Pferdehöfen. Dafür einen Riesendank an meine Eltern! Raus aus dem Alltag. Dort konnte ich einfach nur ich sein. Ich habe immer schnell Anschluss gefunden und eine Brieffreundin aus der Zeit habe ich heute noch. Das waren meine Zeiten der Freiheit und ich konnte auftanken.

Nun stellt sich der aufmerksame Leser sicher die Frage, wie ich das geschafft habe.

Diese Frage stelle ich mir auch heute noch häufig. Meine Überlebensstrategie war, mich gänzlich anzupassen, fast bis zur Selbstaufgabe, und meine Rollen zu spielen sowie vieles einfach hinzunehmen. Zahlreiche Dinge kannte ich durch die Isolation auch gar nicht anders und hielt sie deshalb für normal.

Was sicher auch ein großer Faktor ist: mein Lebenswille. Eine Kraft, die so »Wow!« ist und mich nie die Hoffnung komplett hat aufgeben lassen.

Nachdem ich bei meinem Bruder gesehen hatte, dass eine laute Rebellion gar nichts bringt, habe ich irgendwann angefangen, meine eigenen leisen Rebellionen zu führen, und zwar sehr erfolgreich für mich. Ich habe die Dinge getan und erst mal nichts davon erzählt. So habe ich schon sehr früh angefangen, meinen Weg zu gehen – leise, still und heimlich. Und wenn es dann rauskam, war mein Weg schon so etabliert, dass ich, egal was kam, nicht mehr von ihm abgerückt bin.

So bin ich nach und nach zu einer Einzelkämpferin mit einem riesigen Herz für andere geworden. Doch das Riesenherz habe ich versteckt, um es zu beschützen.

Ich bin sehr still geworden. Verschlossen. Bei mir war geschlossen wegen Einsamkeit.

Zum Glück gab es Menschen außerhalb dieses Familienkonstrukts, die immer mal da waren, mir kleine Glücksmomente beschert und mir was zugetraut haben. Da war zum Beispiel meine damalige Freundin Chantal, mit der ich stundenlang am Telefon gequatscht habe. Sie war es auch, die mich in der Disco das erste Mal auf die Tanzfläche gezogen hat. Außerdem: Bücher. Durch Bücher habe ich gelernt, wie sich Leben anfühlt, wie das so ist. Ich tauche in Bücher ein und lebe darin. Das war immer meine Flucht aus der Realität. Noch heute beame ich mich mit Büchern in andere Welten und lebe dort. Bücher sind für mich am schönsten, wenn sie mich zum Lachen und Weinen bringen und vor allem, wenn sie ein Happy End haben.

»Sie waren Mädchen für alles«, hat mein Therapeut zu mir gesagt. Er hat recht. Es hat was von Benutzt werden und Missbrauch. Viel zu viel Verantwortung für ein Kind. Und doch habe ich einen Weg für mich gefunden, diese Hölle zu überleben. Heute kann ich in Liebe an die Menschen denken, die daran beteiligt waren.

Wie sage ich heute? –

»Das war mein Hardcore-Survivalcamp.«

Oder:

»suboptimales Aufzuchtprogramm«.

Also bin ich mit einem Gebirge vor mir ins Leben gestartet.

Einsamkeit

... ist das Gefühl, das mit meiner Kindheit verbunden ist.

Wie ein Loch: Groß, rund und schwarz ist es dort. Und wenn ich hineinschaue, kommen die Tränen.

Es lässt sich super zudecken, doch der Deckel wird wackelig und irgendwann ist er weg und dann steht man da.
Verbunden ist dieses Gefühl mit einer Reihe anderer Gefühle, die zusammen schon groß sind
Zu sagen, dass das WAR, Vergangenheit, fällt mir manchmal schwer, und die kleine Christine möchte nur getröstet werden, in den Arm genommen werden und das Gefühl haben, dass sie so in Ordnung ist, wie sie ist und zwar genau so und nicht anders.
Dass sie Macken und Schwächen haben darf. Nicht immer lieb sein und funktionieren muss.
Dass sie sich für Dinge einsetzt, die für viele aus der Familie unverständlich sind und Grenzen hat, die in dieser Gesellschaft nicht angesagt sind.

Ich möchte ihr hier und heute versprechen, sie so leben zu lassen, wie sie wirklich ist und all die großartigen Eigenschaften zu pflegen.

Ich werde mich nicht mehr verstecken!

Die Menschen um mich herum schätzen genau diese Dinge an mir, die ich so lange versteckt habe.

Einsamkeit. Für mich ein hartes Wort, das mich trifft.

Einsamkeit bedeutet für mich, keine Erinnerung an meine Kindheit zu haben.

Einsamkeit, keine Umarmung, niemanden im Rücken zu haben.

Einsamkeit, ohne Nest und Wärme groß zu werden.

Einsamkeit nach außen hart zu werden.

Das WAR!

Heute habe ich ein warmes Zuhause.

Heute kann ich Grenzen setzen und Menschen akzeptieren diese.

Komm, ich gebe Dir die Hand, halte Dich ganz fest und wir gehen im Regenbogenland spazieren. Mit einem Luftballon in der Hand.

Ich passe gut auf Dich auf und Du brauchst Dich nicht mehr zu verstecken.

Auch das schwarze Loch wird bunt!
Wir pflanzen eine schöne Rose hinein.
Riechst Du, wie gut sie duftet?
Herrlich!

Schön, dass Du da bist!

Ich liebe Dich!

Diesen Text habe ich vor Jahren verfasst und in meiner letzten Reha als Versprechen an mich selbst vor ca. achtzig Menschen gelesen.

Leistung

… war das, was mein Leben über Jahrzehnte bestimmt hat. Und zwar ausschließlich.

Ich kannte gar nichts anderes. Vor allem nicht, einfach gesehen zu werden. Einfach nur da sein zu dürfen, weil ich nun mal da war und bin.

Das hat einen Druck in mir erzeugt.

Meinen Nacken und meine Schultern kannte ich nur verspannt.

Meine Mutter hat mir mal in einem Brief geschrieben, dass es doch nicht schlimm sei, wenn man seine Kinder zu Leistung erziehen würde.

Nein, grundsätzlich spricht gar nichts dagegen. Auch heute empfinde ich Fleiß als einen guten Wert, den ich auch gerne lebe. Ich sehe es nur dann als problematisch an, wenn sich das Gefühl manifestiert, nur dann eine Daseinsberechtigung zu haben, wenn ich etwas geleistet habe. So ging es mir über Jahrzehnte. Im Grunde kannte ich gar nichts anderes. Nachdem es keine spürbare Liebe gab, habe ich mich darauf verlagert, wenigstens ein Minimum an Aufmerksamkeit für meine Leistungen zu bekommen.

Der Druck, immer irgendetwas zu leisten um mir eine Berechtigung zu geben, da sein zu dürfen, stieg ständig an. Die Aufmerksamkeit und vor allem die Liebe, die ich mir immer gewünscht habe, bekam ich nicht und so drehte sich die

Spirale immer weiter: Immer mehr leisten, Dinge tun, die mir gar nicht liegen und permanent über meine Grenzen zu gehen und diese auch von anderen überschreiten zu lassen, das war Alltag für mich. »Sie waren Mädchen für alles«, hat mein Therapeut mal zu mir gesagt und er hat verdammt recht damit. Nur ICH habe es nie verstanden. Ich hatte doch aus meiner Sicht alles gegeben. Warum stand ich mit leeren Händen da? Ich konnte immer nur schauen, wie ich klarkam. Mein Vater hat mal zu mir gesagt: »Du bist doch stark, du machst das schon.« Gefühlt habe ich mich anders. Auch ich brauche andere Menschen, die mir mal Mut machen oder sagen: »Hey, ich erledige das für dich.«

Es tut weh, daran zu denken und doch ist es gut, mir das alles noch mal bewusst zu machen.

Für mich war es ein Segen, als es in der Schule Noten gab. Die hatte ich mir erarbeitet und da gab es nichts dran zu rütteln. So konnte ich Fakten schaffen: Beweise für das, was ich leisten und vor allem für das, was ich allein schaffen konnte. Ich war schon immer sehr diszipliniert und habe mir das alles hart erarbeitet – ohne fremde Hilfe.

Ich bin schon immer unglaublich gerne in die Schule gegangen. Neues zu erfahren und zu lernen, Wissen zu bekommen – ich liebe es noch heute. So war ich immer eine interessierte und gut zu begeisternde Schülerin. Da meine Interessen sehr breit gefächert sind, war Schule immer großartig für mich. Nur die Sache mit der Leistung und dem, was ich mir dafür wünschte, ging trotzdem nicht auf. Bei einer Drei in der Klassenarbeit wurde schon die Nase gerümpft. Ein gutes Zeugnis erweckte nur kurze Aufmerksamkeit. Die erhoffte Liebe blieb aus, stattdessen gab es Geld oder zu meinem

Abitur eine Reise, die sicherlich einer meiner schönsten Urlaube war. Aber es fehlte trotzdem immer etwas.
So war es dann auch zu Hause.

Immer dieses Betteln um Liebe und Anerkennung oder einfach nur, um da sein zu dürfen.

Gruselig, wenn ich daran zurückdenke.

Ich habe brav einen Sport ausgeübt, den ich nie machen wollte. Schwimmen war nie meins. Ich wollte tanzen und Klavier spielen. Dazu habe ich keine Chance bekommen. So habe ich brav über die Jahre die Fliesen im Trainingsbecken meiner Heimatstadt gezählt, mir die Wochenenden in Schwimmhallen um die Ohren gehauen, um ein paar Mal ins Becken zu springen. Ohne Herz und Leidenschaft, einfach, weil ich keine andere Option hatte. Ich wusste gar nicht, wie es sich anfühlt, wenn man für etwas brennt und die Leistung dann von ganz allein kommt. Ich entwickle dann einen Ehrgeiz, der mich immer wieder selbst erstaunt. Ich habe über anderthalb Jahre vier Mal die Woche die Fliesen gezählt, was den entscheidenden Vorteil hatte, dass ich von zu Hause weg war. Ich habe also brav meine Leistung gebracht und Medaillen gesammelt. Bis zu den westdeutschen Meisterschaften habe ich es geschafft. Die langen Strecken, auf denen man viel Kraft braucht, waren meins. Ausdauer und Durchhaltevermögen habe ich mir da angeeignet.

Liebe für meine errungenen Siege gab es auch hier nicht. Ich erinnere mich sogar daran, dass ich einen 1. Platz gemacht habe und der Kommentar war: »Du hättest auch noch zwei Sekunden schneller schwimmen können.«

Trotzdem habe ich mich immer weiter in dieser Leistungsspirale bewegt. Stets den Wunsch nach Liebe und

Anerkennung im Kopf. Endlich so gesehen zu werden, wie ich bin.

An meinem Bruder konnte ich immer erleben, was auf einen zukommt, wenn man nicht bereit ist, etwas zu leisten, und wenn man rebellierte. Also habe ich meistens noch eine Schippe draufgelegt, um das bloß nicht zu erleben.

So habe ich permanent über meine Grenzen gelebt. Dieses Muster habe ich später auch in mein Berufsleben übernommen und lange gepflegt. Ich kannte einfach nichts anderes und mir wurde auch vonseiten meines Vaters nichts anderes vorgelebt. Meine Grundprägung in dieser Hinsicht war Leistung um jeden Preis.

Nicht, dass irgendwelche Missverständnisse aufkommen. Ich halte Fleiß auch heute noch für einen guten Wert, den ich gerne und überzeugt lebe. Doch heute weiß ich, dass ich Grenzen habe. Diese halte ich ein und kommuniziere sie ganz klar.

Diesbezüglich habe ich bittere Lektionen bekommen – vor allem in meinem Berufsleben. Immer wieder war ich an dem Punkt, alles gegeben zu haben und stand im Endeffekt mit leeren Händen da. Sehr häufig begleitet von Verrat.

»Der Mohr hat seine Schuldigkeit getan, der Mohr kann gehen.«

Ich kann rückblickend gar nicht mehr sagen, wann sich das geändert hat. Wann das Bewusstsein angefangen hat zu wachsen, dass dies vielleicht nicht der Weg ist, um im Leben zufrieden zu sein.

Was ich auf jeden Fall weiß, ist, wie es sich früher angefühlt hat: innerlich immer unruhig, immer auf der Suche, wo ich noch etwas tun kann, es noch perfekter zu machen und mir zu sagen: »Komm, das geht doch auch noch.« Ich habe mir, vor allem für andere, immer ein Bein ausgerissen. Ich war so darauf fokussiert, es allen recht zu machen, umgesehen und vor allem gemocht zu werden. Innerlich immer gehetzt und getrieben. In dieser Spirale habe ich mich befunden, bis gar nichts mehr ging, bis ich weder vor- noch zurückkam, bis mir alles um die Ohren geflogen ist und ich auf einmal so wundervolle Dinge erlebt habe, einfach, weil ich da war. Weil Menschen da waren, die etwas für mich getan haben. Einfach so!

Das ist heute noch ein Wunder für mich.

Vom Leistungssport habe ich mich mit sechzehn Jahren verabschiedet. Ich habe das innerlich lange vorbereitet und dann gesagt: »Ab sofort gehe ich nicht mehr schwimmen, sondern in den Pferdestall.«

Aus meiner Sicht hat es niemanden interessiert. Hauptsache ich war von der Straße weg und es kostet kein Geld.

Da gab es bei mir sowieso keinen Verhandlungsspielraum. Wenn so etwas bei mir durch das System durch ist und ich eine Entscheidung gefällt habe, gibt es nur noch das. Ich denke noch heute daran zurück und es zaubert mir ein Lächeln ins Gesicht. Meine erste große Revolution. Vielleicht mein erster Sprung aus dem Hamsterrad. Dafür nahm ich auch alle Konsequenzen in Kauf. In diesem Fall eine permanente Missbilligung durch meine Mutter: »Du stinkst. All die Pferdehaare.« War mir egal, ich war zufrieden in diesem Stall.

Mit Leistung ging es dann im Berufsleben und auch privat weiter: mehr als alles geben. Und doch blieb da immer diese Leere.

Diverse Arbeitgeber haben von diesem Muster profitiert. Mädchen für alles und jeden. Drück die richtigen Knöpfe und sie wird funktionieren! In deinem Sinne!

Dabei wusste ich gar nicht, dass ich Grenzen habe und sie auch setzen darf. Wenn ich sie dann mal gesetzt habe, ging das häufig komplett nach hinten los. Kündigungen und Trennungen waren die Folge, weil die Menschen mich so nicht kannten und keine Bereitschaft da war, sich in irgendeiner Weise damit zu beschäftigen.

Ich war ein gut eingenordeter Soldat, der funktioniert hat. Und wenn nicht, konnte man super erreichen, was man wollte, wenn man mir ein schlechtes Gewissen gemacht hat.

Meine Mutter benutzte diesen Hebel, wenn ich versuchte Leistung zu verweigern.

Gerade jetzt, während ich schreibe, fällt mir auf, wie gut ich konditioniert war. Auch heute kann es mir noch durchaus passieren, dass es jemand schafft, mich dadurch zu packen, zu bekommen. Heute fällt es mir allerdings schneller auf und ich bin in der Lage, Grenzen zu setzen und ganz klar »Nein« zu sagen.

Mich permanent zu Höchstleistungen anzuspornen und über meine Grenzen zu gehen hat mich in eine Spirale mit Abwärtstrend gebracht mit dem Ergebnis der totalen Erschöpfung.

Dies kann ich aus voller Überzeugung sagen, da ich es nicht nur einmal erlebt habe.

Da ich meinen ersten Beruf nie aus Überzeugung gemacht habe, sondern – wie ich es zu Hause gelernt hatte – einfach funktioniert habe, ist mir diese Berufswelt irgendwann um die Ohren geflogen. Es ging gar nichts mehr. Ich konnte gar nichts mehr leisten. Aus heutiger Sicht war das mehr als gut so und ist es noch.

Heute leiste ich meinen Beitrag für die Gesellschaft im Rahmen meiner Möglichkeiten und Grenzen. Ich liebe heute das, was ich leiste, und das macht es so viel leichter.

Mir hat einer meiner Chefs mal gesagt, dass ich, mehr als andere Menschen, Freude an dem brauche, was ich beruflich mache. Er hat damit den Nagel so dermaßen auf den Kopf getroffen. Die Freude und Liebe für das, was ich tue, ist mein größter Motivator. Damals, als er es zu mir sagte, verstand ich nicht so ganz, was er meinte. Heute denke ich an diesen Satz und gebe ihm so was von recht.

Ich bin auch heute weiterhin sehr fleißig und leiste meinen Beitrag, doch das Wie hat sich verändert. Nach Jahren permanenter Überforderung kenne ich meine Grenzen, setze sie und verteidige sie wie eine Löwin. Heute warte ich lieber ab, bevor ich alles gebe. Klein anfangen!

Mobbing

… ist mein steter Begleiter, nur wusste ich lange nicht, was das ist.

Auch dieses Thema hat in meiner Ursprungsfamilie seinen Anfang.

Ich kannte es nicht anders, als abgewertet, lächerlich gemacht oder isoliert zu werden. Was ich in meiner Ursprungsfamilie hauptsächlich durch meine Mutter und meinen Bruder erfahren habe, setzte sich dann auch in der weiterführenden Schule und im Berufsleben fort.

Die Strategie, die ich dazu entwickelt hatte, war: Halte still, lass es über dich ergehen und es ist bald vorbei.

So stand lange Tür und Tor offen für jeden, der seine schlechte Laune loswerden wollte, um sich besser zu fühlen. Da es für mich keine weitreichenden Einblicke in andere Familien gab, war das alles normal für mich.

Meine Mutter führte uns gerne vor, indem sie Missgeschicke oder Fehler, die uns – aus ihrer Sicht – passiert waren, zum Besten gab. Sei es bei Familienfeiern oder Bekannten, auf diesen Dingen wurde gerne herumgeritten, sodass ich mich ganz schuldig und klein gefühlt habe.

Also wurde ich Meisterin im Sich-anpassen und Bloß-nicht-wieder-sprechen. Denn das bedeutete noch mehr Isolation und noch weniger Aufmerksamkeit.

Wenn ich nicht so funktionierte wie gewünscht, wurde ich gerne auch mal »bockig« oder »stur« genannt. Heute weiß ich, dass das in der Pubertät ganz normal und vor allem wichtig für die eigene Entwicklung ist. Doch in jener Zeit konnte man mich mit solchen Titulierungen wieder in die Spur bringen. Heute bin ich froh und dankbar, einen gewissen Grad an Sturheit zu besitzen, denn diese Eigenschaft hat mich zu dem Leben gebracht, das ich heute führe. Zu einem Leben, in dem ich frei, zufrieden und glücklich bin.

Ich bin ein sehr lebendiger, temperamentvoller, lebensbejahender Mensch und ein fröhlicher offener Keks. Auch das wurde gerne gedeckelt. »Freu dich nicht zu früh«, ist das, woran ich mich erinnere.

Wie bereits erwähnt wusste auch mein Bruder das alles für sich zu nutzen.

Wenn ich das so schreibe, macht es mich traurig. Ich liebe meinen Bruder und habe mich immer gefreut, einen zu haben. Leider hat uns das alles nicht zusammengeschweißt, sondern dazu geführt, dass es heute keinen Kontakt mehr gibt. Er hat vor vielen Jahren mal gesagt, ich solle egoistischer werden. Damit hat er sicher recht. Doch meine Überlebensstrategie für die Ursprungsfamilie sah anders aus:

Anpassung bis zur Selbstaufgabe und stillhalten.

Ich habe lange für ihn Verantwortung übernommen und stand zur Verfügung. Er musste auf unserer Etage nichts tun, das habe ich erledigt. Auch diesbezüglich habe ich nicht gewagt, mich zu wehren. Ich war halt das Mädchen und so hatte ich mich darum zu kümmern: Treppe saugen und Bad putzen.

So wurde ich zu Hause immer stiller und war froh, wenn es einfach friedlich war. »Bloß nicht auffallen« war das Motto.

In der Grundschule war das noch kein Thema. Ich war in beiden Schulen beliebt und hab mir das abgeholt, was zu Hause fehlte. In der weiterführenden Schule wurde es dann schwieriger. Schon in der fünften Klasse wurde ich im Bus von älteren Schülern geärgert. Das ging so weit, dass im Winter meine Mütze aus dem Busfenster geschmissen wurde. Ich habe es einfach über mich ergehen lassen. Ich hatte keine andere Strategie. Zur Krönung musste ich dann mit meiner Mutter von Geschäft zu Geschäft laufen und fragen, ob die Mütze gefunden worden war. Wieder dieses Gefühl: mit dir stimmt was nicht, halte still, du hast schon genug Aufwand verursacht. Ein Schüler hat mich weiterhin mit Worten, wie ich käme vom Planet der Affen, geärgert. Ich habe es über mich ergehen lassen und zu Hause nichts erzählt. In der Klasse wurde ich immer mehr zur Außenseiterin. Ich war fleißig und habe mich gerne am Unterricht beteiligt. Die Anführerin in unserer Klasse fand ich nur doof und oberflächlich mit ihrem Getue. So blieben ein oder zwei Mädels, mit denen sonst auch niemand etwas zu tun haben wollte.

Auf der anderen Seite wollte ich aber dazugehören. Da ich keine coolen Klamotten, geschweige denn viel Geld hatte, versuchte ich anderweitig, ein Teil der Gruppe zu werden. Klassenkameraden durften Hausaufgaben bei mir abschreiben oder ich habe bei den Hausaufgaben geholfen. Später habe ich mich sogar von den Jungs anfassen lassen – nur, um dazuzugehören. Jede und jeder konnte mich für seine Zwecke benutzen. Ich stand zur Verfügung. Ich hatte es nicht anders gelernt. Über die unangenehmen Gefühle, die dabei in mir hochkamen, bin ich einfach hinweggegangen.

So haben sich die Muster meiner Ursprungsfamilie fortgesetzt. Immer und immer wieder, bis irgendwann gar nichts mehr ging und selbst dann war es noch ein weiter und aus meiner Sicht harter Weg, bis ich da angekommen war, wo ich heute bin. Jetzt gibt es bei mir Grenzen und ein klares NEIN. Dennoch falle ich immer noch auf Menschen rein und Freundschaften stellen sich als etwas anderes heraus, als sie aus meiner Sicht sind. So lerne ich immer weiter und werde immer klarer in meiner Position, zu wissen, was mir guttut und was nicht.

Ich habe einen sehr langen Atem und nehme oft viel zu lange hin, wie mit mir umgegangen wird. Heute jedoch fällt es mir irgendwann auf und ich ziehe meine Grenze.

Auch in der Arbeitswelt stand lange – sehr lange – Tür und Tor für jeden offen. Ich wollte einfach immer nur gefallen und dazugehören. Nicht nur, dass die anderen mit mir verfahren konnten, wie sie wollten, auch ich bin permanent über meine Grenzen gegangen. Ich habe dann die Schuld bei mir gesucht, einfach so, wie ich es gelernt hatte.

Ich erinnere mich noch an eine Situation während meiner letzten Anstellung in der Automobilindustrie. Ich war an meine Grenzen gekommen, auch weil meine Ehe zu zerbrechen drohte. Dazu kam eine Systemumstellung im Büro, was mehr Arbeit bedeutete. Ich habe es angesprochen. Mehrfach. Ich habe Fakten geliefert. Im Endeffekt saß ich mit meiner Chefin, einer Person vom Personalbüro und einer vom Betriebsrat, die ich dazu gebeten hatte, zusammen und sie sind gemeinsam über mich hergefallen. Sie haben mich an die Wand gedrängt und zugedrückt. Der Betriebsrat hat nur dabeigesessen und hinterher eine Freundin gefragt, ob sie auch so zickig sei.

Wir drücken mal, vielleicht ist sie dann wieder so gefügig, wie wir sie kennen. Wie gut ich das kannte!

Meine Mutter konnte bei mir immer gut mit einem schlechten Gewissen arbeiten. Es war und ist auch heute für mich immer noch eine Herausforderung, meine Grenzen ganz klar zu setzen und dann auch mit aller Konsequenz meinen Schutzwall hochzufahren.

Gerade in der Arbeitswelt begleitet mich dieses Thema schon sehr lange.

Auch in vielen Freundschaften oder Bekanntschaften gab es häufig ein Ungleichgewicht.

Auch hier lerne ich Stück für Stück. Ich wollte gefallen, manchmal um jeden Preis, nur um ein bisschen Zuwendung zu erhalten. Doch am Ende stand ich dann wieder mit leeren Händen da. Enttäuscht und zweifelnd, ob meine Bedürfnisse überhaupt wichtig sind. Heute weiß ich: Das sind sie! Sie sind das Wichtigste in meiner Welt und ihre Erfüllung bringt mir Zufriedenheit und Glück.

Mir ist gerade noch eingefallen, dass die Übergriffigkeit von Menschen für mich auch zum Thema Mobbing gehört.

Meine Grenzen ignorieren – das habe ich lange selbst getan, was sicher auch eine meiner Überlebensstrategien war. Menschen rütteln immer wieder an diesen Grenzen. Heute gibt es bei mir klare NEINs.

Irgendwo habe ich den Spruch her:

Nein ist ein vollständiger Satz!

Ich finde das genial und so wahr. Vor allen Dingen bestimme heute ich, wer nah ran darf und wie nah.

Wenn nein, dann nein, wenn ich keine Lust habe.

Ich umgebe mich mit Menschen, die mir guttun und hinsichtlich derer ein ausgeglichenes Verhältnis zwischen Geben und Nehmen besteht. Mit Menschen, die wertschätzend mit anderen umgehen, ein offenes Herz haben und einfach mal geben. Ich war sehr lange Fußabtreter für die Launen zahlreicher Menschen, da ich es nicht anders kannte. Ich habe rückblickend verdammt viel hingenommen und gedacht: »Die anderen werden schon recht haben.« Ich war Blitzableiter und Fußabtreter, damit sich andere besser gefühlt haben in ihrem Leben. Mich zu wehren wurde mir sehr früh aberzogen. Ich hatte zu funktionieren. Denn gerade, wenn ich mich gegen meinen Bruder gewehrt habe, habe ich Ärger bekommen. Ich sei doch die Ältere.

Also habe ich vieles über mich ergehen lassen. Hauptsache, es geht vorbei. Bloß nichts erzählen, es glaubt dir eh keiner. Im Endeffekt kriegst du nur noch Ärger dafür.

Im Berufsleben habe ich sicher vieles aus Existenzängsten heraus hingenommen. Ich wollte meinen Job und damit meine Lebensgrundlage nicht verlieren.

Auch in Beziehungen habe ich es ausgehalten: Ich musste Kompromisse machen. Ich habe meine Bedürfnisse ganz hinten angestellt, wie meine Grundprägung es mich gelehrt hatte.

Auch heute kann ich mit meinem NEIN viele Menschen sprachlos machen, kann ich mit einem innerlichen Augenverdrehen und Schmunzeln beobachten, wie viele Menschen versuchen, darum herumzukommen.

Häufig sind das Menschen, die selbst ein Problem mit Grenzen haben. Ich erkenne das heute gut und ziehe mir den Schuh, der mir nicht passt, nicht mehr an. Was ein sehr schönes Gefühl ist.

Heute weiß ich, dass ich Menschen nur anzuschauen brauche und sie sofort zurückrudern. Ich war mir dieser Macht nie bewusst und wenn ich schlecht aufgestellt bin, vergesse ich es auch, doch habe ich so geniale Ergebnisse, seit es das NEIN in meinem Wortschatz gibt.

Was tut mir gut, vor allem, wer tut mir gut? Das ist es, worum es immer wieder geht. Auch heute bin ich immer noch ein »Geduldsesel«, schaue mir Beziehungen lange an und kämpfe dafür, doch wenn sie mir nicht mehr guttun, sage ich ganz klar: »Ade.«

Menschen und Kontakte sind mir wichtig. Heute aber auf Augenhöhe und mit einer ausgeglichenen Balance von Geben und Nehmen, Respekt und Achtung vor dem Leben des anderen.

Ich habe aus diesen Jahren viele Narben davongetragen und doch hat mich jede dieser Lektionen wieder ein Stück weiter zu mir gebracht.

Mich haben viele Menschen verletzt. Heute weiß ich, dass ich es zugelassen habe.

Ich bin heute froh und dankbar dafür, zu wissen, dass ich Grenzen habe und sie auch setzen kann und darf.

NEIN ist heute ein Teil meines Lebens und ich bin stolz darauf.

Beziehungen

… sind für mich die Königsdisziplin.

- Wie ist das so mit anderen Menschen?
- Wie viel Nähe geht und wie viel Distanz brauche ich?
- Ist einer der Bestimmer und der andere macht?
- Nehmen und Annehmen – wie geht das, was macht das mit mir?
- Wie schaffe ich Raum für meine Bedürfnisse?
- Was sind meine Bedürfnisse in einer Beziehung?

All das sind Fragen, die mich auch heute noch beschäftigen. Manche konnte ich schon beantworten, andere erforsche ich noch. Egal, um welche zwischenmenschliche Beziehung es sich handelt, da ist Üben und Ausprobieren angesagt. Dass es mit Der-eine-erteilt-Befehl und Der-andere-führt-sie-blind-aus auf Dauer für mich nicht funktioniert, habe ich verstanden. Es sei denn, ich wäre bei der Bundeswehr (was ich zum Glück nicht bin).

Ach so, On-off-Geschichten haben bei mir ausgedient. So nach dem Motto: Ups, da ist noch jemand. Passt gerade mal, sie gibt doch so gerne, holen wir sie mal wieder aus der Schublade, ist doch immer so nett. Nein! Da habe ich häufig viel gegeben und stand am Ende mit leeren Händen da, hatte niemanden, der mir mal zugehört hat. Ganz zu schweigen davon, dass meine Grenzen respektiert worden wären oder dass von der anderen Seite irgendetwas, was an Geben erinnert, zurückgekommen wäre. Hier habe ich viel Kraft und Mühe investiert, um Menschen zu helfen, ihnen Mut zu machen und oft, wenn ich mal jemanden an meiner Seite gebraucht hätte, stand ich allein da. Auch hier wieder das Thema: gefallen zu wollen und dazuzugehören. Also habe ich alles – fast bis zur Selbstaufgabe – gegeben, wie es meiner Grundprägung entsprach. Somit liegt auch hier die Wurzel in meiner Ursprungsfamilie.

Ich hatte keine Vorbilder dafür, wie Beziehungen funktionieren und wie ist das mit anderen Menschen. Wir vier lebten in einem Haushalt: meine Mutter, die Oberbefehlshaberin; mein Vater, der meistens abwesend war und mein Bruder, der mich zur Erfüllung seiner Bedürfnisse benutzt hat, wenn ihm gerade danach war.

In der Grundschule habe ich Freundschaften intuitiv noch super hinbekommen, auch wenn ich Zeit gebraucht habe, um mit neuen Menschen in Kontakt zu treten. An diese Zeit erinnere ich mich gerne. Ich gehörte dazu und hab mich wohlgefühlt.

In meiner Ursprungsfamilie gab es keine körperliche Nähe: kein In-den-Arm-genommen-werden, kein Schmusen, nur die teilweise sehr brutalen Auseinandersetzungen mit meinem Bruder.

Noch heute bin ich ganz berührt und elektrisiert, wenn jemand über meinen Rücken streicht oder einfach meine Hand hält. Da ich auch keine Einblicke in andere Familien hatte, habe ich es immer für normal gehalten, wie es bei uns war.

Zwei Schlüsselerlebnisse haben mich nachdenklich gemacht. Das erste fand statt, als ich mit einer Freundin und ihrer

Familie in der Schweiz in den Urlaub gefahren bin. Diese Freundin kuschelte sich abends an ihren Vater. Ich saß da und habe nur so gestaunt.

Das zweite Schlüsselerlebnis folgte Jahre später, als ich mit Oma im Zoo war und gesehen habe, wie liebevoll eine Schimpansen Mutter ihr Kleines im Arm gehalten hat.

Es gab einen Mangel an Nähe, in jeder Hinsicht, was mir lange nicht bewusst war.

Wenn ich heute daran denke, wird mir immer noch kalt. Zum Glück habe ich es immer geschafft, ein paar Freundschaften zu pflegen. Es waren nicht viele. Die Menschen waren einfach wichtig für mich, selbst als meine Mutter sie mir schlecht redete. Gerade in der Pubertät gab es eine großartige Freundin, mit der sich alles ganz normal anfühlte und die mir viel Gutes in mein Leben gebracht hat. In diesen Freundschaften war ich ICH. Ich habe sie beschützt und verteidigt. Körperliche Nähe war zwar kein Thema und doch habe ich gelernt, dass es normal ist, sich zur Begrüßung oder zum Abschied mal in den Arm zu nehmen.

Wenn mir etwas in Beziehungen nicht passt, halte ich auch heute oft noch viel zu lange aus, bin geduldig und kämpfe lange für das, was ich in dem anderen sehe und an ihm schätze. Doch irgendwann, nach vielen Überlegungen und Versuchen, etwas zu verbessern, ziehe ich heute meine Konsequenzen. Viele Menschen fallen dann aus allen Wolken.

»In Liebe loslassen« ist heute mein Motto!

Vor allem, was nicht passt oder nicht mehr passt, kann ich auch nicht passend machen. Auch das ist ein langer Prozess, wobei ich immer wieder Verbesserungen feststelle. Vor allem mein Beruf und die Kontakte mit so vielen verschiedenen Menschen schulen mich.

Ich lerne jeden Tag etwas dazu – vor allem, meine Interessen und Bedürfnisse zu vertreten und bei mir zu bleiben.

Ohne Vorbilder und ohne eigene gute Erfahrungen mit zwischenmenschlichen Beziehungen erfolgt der Lernprozess im Erwachsenenalter.

Mit vielen Nackenschlägen, sehr einsamen Phasen, Verzweiflung und auch mit wunderbaren Begegnungen, die Klarheit bringen.

Von mir bekommt jeder Mensch einen Vertrauensvorschuss und die gleiche Chance (manche auch mehrere, fällt mir gerade mit einem Schmunzeln auf).

Das Aussieben findet dann erst später statt. Da bin ich mittlerweile sehr konsequent. Die Lebenszeit ist so kostbar. Mir ist sie zu kostbar, um sie mit Menschen zu verbringen, die mir nicht guttun. Das ist auch heute noch ein Thema.

Was tut mir gut?

Welche Bedürfnisse habe ich in der jeweiligen Beziehung?

Wie viel Nähe ist gut für mich?

So bin ich auch heute noch auf Erkundungsreise. Auch hier gilt für mich: lernen durch Ausprobieren. So ist mein Bild mittlerweile viel klarer. Vor allem bin ich dadurch den Mustern auf die Spur gekommen, die mich geprägt haben und die teilweise heute noch aktiv sind.

So hat sich diese Schatzkiste über die Jahre gefüllt und ich werde immer sicherer. Ich lerne, mich ganz klar abzugrenzen und meine eigenen Spielregeln aufzustellen, egal, wie stark mein Gegenüber daran zu rütteln versucht. Es gibt einfach Werte in zwischenmenschlichen Beziehungen, die für mich unumstößlich sind.

Auch heute noch kann man mich manipulieren. Dessen bin ich mir vollkommen bewusst.

Doch heute fällt es mir wesentlich schneller auf und dann gibt es ein ganz klares »STOPP« und »NEIN« von mir. Ich habe Grenzen und darf diese auch setzen.

Das ist für mich heute noch eine meiner besten Wow-, Wow-, Wow-Erkenntnisse.

Ich finde, »Nein« ist als vollständiger Satz so genial.

Mir das immer wieder zu sagen und anzuwenden, lässt mich so was von bei mir ankommen.

Heute ist es mir immer egal, wie die Reaktion des Gegenübers dazu ausfällt.

Ich kann es mittlerweile sogar gut ertragen, wenn der andere erst mal ärgerlich oder brummig ist. Auch wenn es mal richtig kracht, ist das für mich in Ordnung – ohne diese frühere Riesenangst, nicht gemocht zu werden oder nicht dazuzugehören. Im Grunde gehen damit immer positive Erfahrungen einher. Doch auch heute kostet es mich noch Mut, mich so für mich einzusetzen. Mit jeder guten Erfahrung wird es besser. Vor allen Dingen sage ich mir immer wieder: »Wer meine Grenzen nicht respektiert, hat in meinem Leben nichts verloren.«

Was ich auch mit der Zeit festgestellt habe, ist, dass es mit jedem Entwicklungsschritt Menschen gibt, die einfach nicht mehr passen. Dann heißt es also loslassen und Platz schaffen – für neue Menschen, die dann viel besser zu der neuen

Lebensphase passen. Damit habe ich mich lange schwergetan, doch heute ist es einfach logisch für mich.

Ich gehe Beziehungen jeglicher Art langsam an. »Stück für Stück« liegt mir einfach mehr und die Beziehungen halten dann viel länger. Auch mit diesem Thema habe ich mich beschäftigt und sehr viel ausprobiert. Durch meinen Beruf konnte ich super lernen und lerne immer noch. Es gibt immer noch Phasen, in denen ich mich einigele und mir nur sehr wenige Menschen nah sein dürfen. Auch wenn ich mich weiterentwickle. Alles neu ausloten! Dann kommen Phasen, in denen ich neugierig bin und offen für neue Menschen. Das merke ich auch direkt und liebe diese Phasen, genau wie mich: sich einfach mal zurückzuziehen und neu zu sortieren. Auf einmal nehmen die Menschen mich wahr, grüßen und schenken ein Lächeln. Selbst Hunde sind wild darauf, mich kennenzulernen. Dann strahle ich wohl etwas aus, das unwiderstehlich ist.

Beruflich bringt es mir Vorteile, so offen und positiv zu sein. Vor allem, jeden Menschen so zu lassen, wie er ist und dort abzuholen, wo er geradesteht. Das macht sicher meinen Erfolg bei Menschen aus.

Allerdings treten auch Menschen in mein Leben, die damit nicht so gut umgehen können. Auch das ist mir schon sehr lange bekannt. Neid ist ein hässliches gelbes Tier in meiner Welt. So gibt es einfach Menschen, die sehr unangenehm im Umgang sind und meines Erachtens in einer anderen Welt leben. Ich spreche von Menschen, deren Glas immer halb leer ist, deren Welt nur schwarz-weiß ist und die jedes Haar in der Suppe finden, das dann auf jeden Fall ans Tageslicht befördert werden muss. Energie-Vampire!

Dies geschieht oft unterschwellig, sodass ich es zunächst nicht merke. Wenn es mir auffällt und ich mein gesamtes Können angewendet habe, um die Situation dauerhaft zu verbessern, das Ergebnis aber dennoch nur kurz anhält, heißt es für mich ganz klar, auf Abstand zu gehen. Sehr oft entspannt sich die Lage dann. Es gibt einfach Menschen, denen ich besser auf Abstand und/oder in kleinen Dosen begegne.
Einfach für meine Gesundheit!

Beziehungen zu Männern sind ein anderes großes Thema. Ich habe bis zu diesem Jahr nicht verstanden, was da schiefläuft: warum es nicht hält, und keine Ruhe einkehrt. Auch hier sind sicher die fehlenden Vorbilder zum Teil ursächlich. Das, was ich erlebt habe, hat mich maßgeblich geprägt: ein abwesender Vater, bei dem ich immer das Gefühl hatte, etwas leisten zu müssen, um überhaupt bemerkt zu werden. Dazu ein Bruder, der mich aus meiner Sicht immer als Punchingball benutzt hat. Für ihn war ich nur interessant, wenn es ihm in den Kram passte und dann zu seinen Zwecken und nach seinen Regeln.

So bin ich groß geworden.

Sehr lange Zeit brauchte »Mann« mir nur einen Krümel hinzuwerfen und ich war hin und weg. Dann habe ich auch sehr schnell viel Nähe zugelassen, was dann auch schnell wieder abflachte, wenn der Blick sich hinter die Fassade des anderen richtete. Weitergemacht und gekämpft, fast bis zur Selbstaufgabe. Ich kannte es nicht anders.

Dass ich gemocht werde, so wie ich bin, mit dem ganzen Paket, ohne irgendetwas zu leisten – das musste ich erst lernen.

Auch das Nehmen und Annehmen gehört zu diesem Lernprozess. Vor allem auch, meine Grenzen ganz klar zu setzen und wahrzunehmen, dass sich dadurch nichts verändert. Nein, heute weiß ich, dass mir mehr Respekt entgegengebracht wird, wenn ich klar bei mir bleibe.

So bin ich in meinem Leben immer wieder Männern begegnet, die abwesend waren. Sei es körperlich, psychisch oder sogar beides. Immer wieder, bis die Hoffnung fast weg war, dass ich das für mich mal löse.

Obwohl mir das Leben auch immer wieder positive Erfahrungen geliefert hat, für die ich sehr dankbar bin. Sie erinnern mich immer wieder daran, wie es sich richtig und gut anfühlt.

Doch das Wichtigste ist, eine gute Beziehung zu mir selbst aufzubauen. Das ist aus meiner Sicht der beste Schutz, um bei Begegnungen bei mir zu bleiben.

Für mich ist es heute auch sehr wichtig, dass Geben und Nehmen ausgeglichen sind. Ich habe aufgehört, darum zu betteln, gesehen und gemocht zu werden. Mir geht es seitdem viel besser, auch wenn ich hin und wieder in alte Muster falle. Das ist okay. Doch heute fällt es mir schneller auf und ich kann es korrigieren.

Ich gebe immer noch gerne, doch viel selektiver als früher. Ich treffe heute die Entscheidungen, wann und wo ich gebe. Und manchmal gibt es Phasen, da mag ich nichts geben. Meine Entscheidung!

Wie ich von anderen wahrgenommen werde, wurde mir erst bewusst, als ich meine erste Reha gemacht habe. Ich traf danach jemanden aus meiner Zeit beim Leistungssport, die mir sagte, dass ich viel offener als früher sei. Ich habe das nie vergessen und mich sehr über das Feedback gefreut. Ich habe weiter daran gearbeitet und meine Kontakte zu Menschen immer mehr verbessert. Gerade auch der viele Kontakt in meinem Beruf hat mich nochmals offener gemacht.

Wenn ich mich zurückversetze, fällt mir auf, dass ich schon sehr verschlossen war. Gemäß der Vorgabe: Das ist in der Familie passiert und geht niemanden etwas an. Ansonsten wurde viel ins Lächerliche gezogen, was für mich wichtig war. So habe ich mich oft nicht getraut, etwas zu sagen – auch in Beziehungen zu Männern – aus Angst, das wenige, was da war, auch noch zu verlieren. Was dann auch so war. Für mich und meine Bedürfnisse im Zwischenmenschlichen einzustehen, hatte ich nie gelernt und unterließ es auch – aus Angst, den wenigen Kontakt auch noch zu verlieren.

Heute ist mir klar, dass gerade dieses Verhalten Menschen anzieht, die ihren Nutzen daraus zu ziehen wissen.

Auch heute bin eher schüchtern. Ich beobachte lieber erst einmal und gehe es langsam an. Ich weiß, dass das mein Naturell ist und werde immer besser darin, auch danach zu handeln. Ich bleibe lieber im Hintergrund, übe dort meinen Zauber aus und freue mich dann wie Bolle, wenn es funktioniert. Ich kann auch mal im Mittelpunkt stehen, vor allem, wenn es für mich um eine Herzensangelegenheit geht. Doch ich bevorzuge nach wie vor den Hintergrund. Ein Rädchen vom Ganzen zu sein und dort meinen Feenstaub zu verteilen, ist für mich das Größte.

So arbeite ich jeden Tag an mir, um noch besser zu verstehen, was ich brauche und was mir nicht guttut: auch nach einer Phase des Rückzugs diese großartigen Menschen da draußen wahrzunehmen, zu genießen und aus meinem Schneckenhaus zu krabbeln.

Ich liebe Menschen und den direkten Umgang mit ihnen.

Männer liebe ich besonders, da ich finde, dass sie uns Frauen perfekt ergänzen, auch wenn sich viele mit starken Frauen schwertun. Ich sage immer: »Niemand muss da mithalten! Der zu sein, der »Mann« ist, reicht vollkommen aus.«

Ich liebe das Gefühl, dass jemand einfach etwas für mich tut, weil er es tun möchte und sich freut, mir eine Freude zu machen. So funktioniert für mich Beziehung: geben, ohne eine Gegenleistung zu erwarten.

Liebe, egal ob freundschaftlich oder partnerschaftlich, ist für mich bedingungslos!

So bin ich, was das Thema Beziehungen angeht, noch voller Neugier und habe vor Kurzem zwei neu Werte entdeckt, die bei mir ganz oben stehen:

Zuverlässigkeit
und fast noch wichtiger
Beständigkeit.

Die wirkliche Begegnung mit Menschen ist für mich eine der wichtigsten Aspekte im Leben!

Gerne lasse ich mich weiterhin überraschen und entdecke mich immer wieder neu.

Mein beruflicher Werdegang

… hat für mich mit Berufung zu tun.

Leistung, Leistung, Leistung und dazu noch lieb und angepasst sein. Dieses Muster habe ich mit in die Berufswelt genommen. Immer in der Hoffnung, wahrgenommen, überhaupt gesehen zu werden.

Es ist mir mittlerweile so unglaublich oft um die Ohren geflogen.

Doch wie hat alles begonnen?

Ich kann gar nicht genau sagen, wann es angefangen hat, aber mein Ziel war es, zur Polizei zu gehen. Ich wollte immer zum Drogendezernat. Das stand für mich fest: Für Gerechtigkeit sorgen mit Gesetzen, die feststehen, und vor allem etwas tun gegen Drogen. Ich fand Drogen und das, was sie mit Menschen machen, schon immer schlimm.

Ich weiß noch, wie meine Mutter und ich meiner damaligen Klassenlehrerin begegnet sind und sie zu meiner Mutter sagte, sie solle sich mit mir auch über Alternativen zur Polizei unterhalten, falls es nicht funktionieren sollte. Meine Mutter tat es ab: »Das wird schon mit der Polizei.«

Ich bin dann, als ich in der elften Klasse war, super vorbereitet zum Auswahlverfahren nach Münster gefahren. Zu jener Zeit waren Frauen bei der Polizei noch selten. Wir hatten aber eine Polizistin im Schwimmverein, die mir super bei den Vorbereitungen geholfen hat. Ich war aufgeregt, hab aber das Schriftliche und das psychologische Gespräch gut geschafft. Am nächsten Tag stand der Gesundheitscheck auf dem Programm. Die nehmen einen komplett auseinander! Mich haben sie wegen eines Nagelpilzes nach Hause geschickt und gesagt, ich könne mich nochmal vorstellen. Gesagt, getan. Ich habe den Nagel ziehen lassen und bin dann nochmal nach Münster gefahren. Sie haben mich wieder nach Hause geschickt – mit einer fadenscheinigen Begründung. Es tut heute noch weh, wenn ich daran denke. Ich habe das nie wirklich betrauert. Es gab einfach keinen Raum dafür. Auf jeden Fall saß ich erst mal in einem Loch.

Wieder zu Hause ging es weiter, als wenn nichts passiert wäre. Ich habe mich zusammengerissen und einfach weiter funktioniert. Mein Plan B: Mach dein Abi, dann hast du noch Zeit zu überlegen, wo die Reise hingeht.

Mit Ende zwanzig hatte ich über das Radio RSG im Rahmen eines Freu-Tag Deluxe die Gelegenheit, einen Tag bei der Polizei zu verbringen. Es war einfach ein toller Tag. Ich durfte sogar am Schießstand schießen und habe das auch richtig gut gemacht. Das hätte auch sicher mein Weg sein können, doch das Universum hatte andere Pläne mit mir.

Ich habe dann überlegt: Was liegt mir? Woran könnte ich Freude haben?

Die Lösung: Landwirtschaft. Daran habe ich auch heute noch Freude.

Gesagt, getan!

Ich wurde in meinem Vorhaben von meiner Mutter unterstützt. Wir fanden eine Fachhochschule in Franken, die lediglich ein 6-wöchiges Vorpraktikum forderte. Ich habe dieses Praktikum sehr gerne gemacht. Vor allem habe ich es geliebt, morgens und abends die Kühe zu melken. Dann ging es mit

Sack und Pack nach Franken in ein Studentenwohnheim, wo ich ein Zimmer mit Bad hatte. Zwei Semester habe ich geschafft. Ich knüpfte langsam Kontakte, obwohl ich in jener Zeit noch sehr schüchtern war. Die größte Freude machten mir die praktischen Fächer. Mir gefiel dieses Leben dort im Dorf. Weit weg von zu Hause zu sein tat mir auch gut. Doch mit den theoretischen Fächern, zum Beispiel Statistik, kam ich überhaupt nicht zurecht. Bei den Klausuren habe ich nur Niederlagen erlitten und irgendwann gesagt: »Das hat keinen Sinn!« Also: zurück nach Hause. Schweren Herzens!

Zu Hause war ich absolut orientierungslos, ohne Motivation und wusste nicht, wie es weitergehen sollte. Zum zweiten Mal war ein beruflicher Traum geplatzt. Von meiner Mutter gab es Druck: »Such dir Arbeit.« Und von meinem Vater? Schweigen. Ich sehe mich noch in der Wohnzimmertür stehen: Ich rede mit ihm und er sieht einfach weiter Fernsehen. Mein Auto, mein riesiges Stück Freiheit, musste ich dann auch noch abgeben. »Kannst du dir eh nicht mehr leisten!« Alles weg!

Zwischendurch habe ich den Wunsch geäußert, Physiotherapeutin zu werden (war also schon mal da, schmunzle). Das wurde direkt von meiner Mutter abgebügelt mit den Worten: »Dein Vater zahlt nicht für noch eine Ausbildung.« Da er mich zu dieser Zeit komplett ignoriert hat, habe ich auch nicht nachgefragt. Heute weiß ich, dass diese Aussage so nicht stimmte.

Dann traf ein Brief vom Arbeitsamt ein. Ich wurde zu einem kaufmännischen Vorbereitungsjahr eingeladen. Also bin ich zu diesem Kurs gegangen, was zumindest wieder Struktur und ein wenig Ruhe in mein Leben gebracht hat.

Parallel dazu bereitete meine Mutter ihren Absprung vor. Sie kannte ihren neuen Mann schon und hat mich benutzt, um ihr Mut zu machen.

Ich hatte dann einen Ausbildungsplatz zur Speditionskauffrau in meiner Heimatstadt. Habe ich mich darauf gefreut! Kurz vor Ausbildungsbeginn ist die Spedition verkauft worden. Ich hätte meine Ausbildung trotzdem starten können - etwas weiter weg, doch dafür habe ich von zu Hause keine Rückendeckung bekommen. Ich lehnte ab und stand wieder einmal mit leeren Händen da. Wieder mal mit lauter Fragezeichen. Über das Arbeitsamt hatte ich dann Glück. Heute sage ich Glück und »Danke«. Ich bekam das Angebot einer Firma aus der Automobilzulieferindustrie für die Ausbildung zur Industriekauffrau. Ich habe die Stelle auch bekommen und war die erste kaufmännische Azubi dort.

Wenn ich heute zurückdenke, war es eine großartige Zeit. Diese Zeit gab mir Halt und eine Aufgabe. Ich bin meinem Ausbilder heute noch dankbar. Er war ein Engel in meinem Leben und hat sich während meiner Ausbildung gut um mich gekümmert. Schon von meinen Neben- und Ferienjobs kannte ich es nicht anders, als fleißig und zuverlässig zu sein. Selbst Ablage fand ich spannend und die ganze Technik der Maschinen und Logistik fand ich großartig.

Ich hatte im August mit meiner Ausbildung angefangen und im Dezember musste ich schon in meine erste eigene Wohnung ziehen. Mein Zuhause hatte sich aufgelöst. Nach dem Satz meines Vaters: »Wir nehmen keinen von euch beiden mit«, gab es auch keine Diskussion. So wurde die Arbeit der beständige Teil in meinem Leben. Ich gab alles, um nicht auch das noch zu verlieren.

Anfangs hat mein Vater mich finanziell unterstützt. Als mein Azubi-Gehalt hoch genug war, war ich auf mich allein gestellt. So habe ich gelernt, mit ganz wenig zurechtzukommen und mir trotzdem was zu gönnen.

Ich habe die Ausbildung mit »befriedigend« abgeschlossen und bin von der Materialdisposition übernommen worden, so, wie ich es mir gewünscht hatte. Wir waren drei Hühner, die zusammengehalten haben, und es war eine großartige Zeit.

Als eine neue Vorgesetzte kam und sich das Unternehmen verändert hatte, wurde es schwierig. Ich hatte nicht gelernt, für mich einzustehen und mich zu wehren. So bin ich gegangen und habe nochmal für einige Jahre, bis zu meinem totalen Zusammenbruch mit Ende zwanzig, als Materialdisponentin bei einem Automobilzulieferer in Leverkusen gearbeitet. Ich habe es geliebt, alles so zu jonglieren, dass es hinhaut. Meine Stärke ist die Kommunikation. Rückblickend ist es der pure Wahnsinn, was ich da geleistet habe. So viel Freude ich daran auch hatte, ich habe permanent über mein Limit gearbeitet und wenn Hektik aufkam, legte ich noch eine Schippe drauf. Ich weiß gar nicht, was ich in jener Zeit für körperliche Probleme hatte. Ich habe sie einfach ignoriert – immer in der Hoffnung, dass irgendwann doch irgendjemand sehen müsste, was ich dort leistete. Das Gegenteil war der Fall. Wenn ich dann Grenzen gesetzt habe, wurde noch draufgehauen und versucht, mich wieder weichzuklopfen. Bis mit Ende zwanzig gar nichts mehr ging.

Schon in meiner ersten Reha wurde mir klar, dass es auch beruflich so nicht weitergehen konnte. Mir war auch der Sinn abhandengekommen: Wieso konnte man für Autos so einen Stress machen?

Doch zunächst kam ich da nicht raus. Ich musste für meinen Lebensunterhalt sorgen. Ich habe mir dann Jobs in anderen Branchen gesucht und wollte mir was Neues aufbauen und selbst finanzieren. Doch die anderen Jobs flogen mir nur so um die Ohren. Es wurde immer schlimmer. Ich habe sehr viel hingenommen und über mich ergehen lassen, bloß um meine Existenz zu sichern. Ich habe mich abwerben lassen, das komplette Büro geordnet und optimiert, um dann zwei Wochen vor Ablauf der Probezeit entlassen zu werden. Ich war für diese Stelle umgezogen. Der Autokredit lief noch. Es hat mir den Boden unter den Füßen weggezogen. Noch mehr, als ich erfuhr, dass mein damaliger Freund, der auch dort gearbeitet hat, dies schon einen Abend vor mir gewusst hat.

Ich war in einer Chemiefirma, wo eine Mitarbeiterin schon morgens zitternd zur Arbeit kam und die Chefin wie ein Krake in der Mitte saß und alles überwacht hat. Dort bin ich mit einer Bronchitis krank geworden. Als ich wiederkam, wurde mir unterstellt, simuliert zu haben. Sie haben mich vor die Wahl gestellt: entweder Abmahnung oder Kündigung. Ich habe mich für die Kündigung entschieden.

Dann habe ich mit meinem Epilepsie-aber-happy-Chef ein Vertriebsbüro für Solarmodule im Bergischen aufgezogen. Mit allem, was dazugehört. Sagen wir mal eher, ich habe es gemacht, nachdem der Chef nach zwei Schlaganfällen nicht mehr belastbar war. Als ich an meine Grenzen gekommen bin, war es eine Woche lang in Ordnung, dass ich Dienst nach Vertrag gemacht habe. In der nächsten Woche hat er mich entlassen. Die Frage meines Vaters: »Was hast du denn jetzt schon wieder gemacht?«, fand ich einen Hammer.

Ich habe für eine bekannte Zeitarbeitsfirma gearbeitet, die nur kurz für mich zu tun hatte und sogar unter Androhung eines Mahnbescheids noch Geld von mir zurückforderte. Dagegen bin ich aber vorgegangen und im Endeffekt mussten sie mir sogar noch Geld zahlen.

Meine letzte kaufmännische Stelle hatte ich im Prüfungsamt einer privaten Modeschule.

Ich habe mich gut eingearbeitet, bis man mich kurz vor Weihnachten allein gelassen hat. Ich musste die Prüfungen eines neuen Studienfachs übernehmen. Mittags saßen wir zusammen, ich auf heißen Kohlen und mit der Hoffnung, dass alles glatt laufen würde. Da sagte die Standortleitung zu mir: »Jetzt entspannen Sie sich doch mal!«

Das zweite Halbjahr innerhalb des Jahresvertrags war ich krank.

Ich habe bei der Rentenversicherung einen Antrag auf berufliche Rehabilitation gestellt, der, da die Versicherung aufgrund der zu wenigen Arbeitsjahre für mich nicht zuständig war, an die Agentur für Arbeit weitergeleitet wurde. Das war mein Glück!

Hier bin ich dann in der Reha-Abteilung bei einem Berater gelandet, der auch ein Engel meines Lebens ist.

Ich wusste, ich kann in keinem Büro mehr sitzen. Ich brauchte etwas Neues, um meinen Lebensunterhalt zu verdienen. Doch wo die Reise hingehen würde, war noch unklar.

Zunächst stand mir knapp ein Jahr Kampf mit der Agentur für Arbeit bevor. Die Termine bei meinem Reha-Berater waren allerdings sehr angenehm, im Gegensatz zu dem, was ich vorher in diesem Amt erlebt hatte. Beim ersten entscheidenden Termin standen Tests und Fragen am Bildschirm sowie ein kurzes Gespräch mit einer Neurologin an. Damals hatte ich noch keine klare Diagnose. Heute könnte ich ganz anders vorgehen. Sei‘s drum.

Sie hat dann gesagt, sie sehe keinen Grund, warum ich nicht mehr in einem Büro arbeiten könnte. Sie nehme die Nachtschicht raus und ansonsten nichts. Das war ein Schlag, zumal ich wusste, dass ich in keinem Büro mehr würde sitzen können. Ich hatte einfach zu viel Negatives erlebt und mittlerweile wurde ich nach den vielen Jobwechseln auch nicht mehr zu Gesprächen eingeladen.

Mein Reha-Berater sagte: »Dann gehen wir in die nächste Instanz.« Ich hatte einen Termin beim Psychologen der Agentur für Arbeit. Da sitzt dann jemand, der nach einem 20-minütigen Gespräch und Akteneinsicht entscheidet, wie es beruflich weitergehen kann. Das ist eine hammerharte Nummer! Auch er hat mich mit den Worten verabschiedet, es gebe keinen Grund, nicht mehr im Büro zu arbeiten. Ich war am Boden zerstört. Als ich zum nächsten Gespräch bei meinem Reha-Berater kam, habe ich eins der größten Geschenke meines Lebens bekommen. Er sagte zu mir: »Der Psychologe hat mir die Tür offengelassen, zu entscheiden, wie es weitergeht«, und dann kam der entscheidende Satz: »Sie müssen nicht mehr ins Büro zurück. Wir finden etwas Neues für sie.«

Noch heute ist das wow, wow, wow für mich und die Tränen laufen.

Die Agentur für Arbeit zahlt 24 Monate für eine Umschulung. Ich wollte etwas mit Menschen und mit meinen Händen machen. Besonders erquickend fand ich immer den Kommentar anderer: »Wieso? Du tust doch was mit den Händen … tippen auf der Tastatur.« Die können alle froh sein, dass ich so ein friedfertiger Mensch bin.

So ging es auf die Suche.

Krankenschwester und Altenpflegerin fielen für mich direkt raus. Emotional zu fordernd für mich. Erzieherin im Kindergarten auch nicht. Zu viel Lärm! Dann standen Physiotherapeutin oder Orthopädietechnikerin im Raum.

Physiotherapeutin schied aus, da die Ausbildung drei Jahre gedauert und ich nicht gewusst hätte, wie ich das letzte Jahr finanzieren soll. Eine weitere Option war Masseurin / med. Bademeisterin. Aus heutiger Sicht genau die richtige Wahl. Bis zum ersten Schultag habe ich gezittert, dass ich diese Ausbildung an dieser Schule machen kann.

So habe ich mich mit 37 Jahren auf vollkommen neues Terrain begeben und für zwei Jahre nochmal die Schulbank gedrückt. Es war eine hammerharte und auch wunderschöne Zeit für mich. Ich habe mit Fehlzeiten an der obersten Grenze als Zweitbeste in der Klasse mein Staatsexamen gemacht. Das zaubert mir heute noch ein stolzes Lächeln ins Gesicht.

Ich habe unglaublich viel über mich gelernt. Ab dem zweiten Jahr waren wir dreimal in der Woche zum Praktikum in einem Krankenhaus im Einsatz. In dem Alter nochmal Praktikantin zu sein, war eine Herausforderung. Ebenso wie das halbe Jahr Anerkennungspraktikum nach dem Examen. Ich habe über mich gelernt, dass ich nicht nur stur auswendig lernen, sondern mir Zusammenhänge super merken kann und komplex denke. In der Fachschule gab es großartige Lehrer, die uns unterstützt haben. Der Schulleiterin bin ich heute noch dankbar für ihre harte, aber gerechte Art. Sie hat uns solides Handwerkszeug mitgegeben. In der Schule haben wir auch einige Wellness-Anwendungen gelernt, was ich toll finde und heute noch liebe: einfach Zeit für die Menschen haben.

Seitdem bin ich in meinem Element. Ich sage immer noch: »Ich gehe zaubern.« Es gab in den vergangenen fast fünf Jahren keinen einzigen Tag, an dem ich gesagt habe: »Och nee, Patienten.« Es hat tatsächlich etwas mit Berufung zu tun und ich würde mein Talent vergeuden, wenn ich mir diese Möglichkeit verbaut hätte. Gerade die Lymphdrainage ist so viel mehr als die reine Behandlung. Sie ist Therapie auf allen Ebenen. Den »Lymphschein« hat mir noch die Agentur für Arbeit finanziert. Ich hatte angerufen und gesagt, dass ich ohne diesen Schein keine Stelle finde und schon konnte ich ihn noch in einem Monat machen. Stellen zu bekommen ist in der momentanen Lage kein Problem. Es herrscht absoluter Therapeutenmangel. Auch das ist ein Riesenglück für mich. Lymphdrainagen machen einen Hauptteil meines Arbeitstages aus, worüber ich sehr froh bin, denn ich habe etwas mehr Zeit für die Patienten. Das Kassengeschäft ist ein hartes Geschäft und doch liebe ich es. Auch hier macht die Dosis das Gift, wie in allen Lebensbereichen.

Für mich war immer klar, dass ich nach der Umschulung aus dem Bergischen Land wegziehen würde.

Das war wichtig für mich.

Meine erste Stelle habe ich dann am Niederrhein angetreten, wo ich immer noch lebe und mittlerweile sogar Wurzeln geschlagen habe.

Die erste Stelle hatte ich in einem kleinen Krankenhaus, das die Physio-Abteilung ausgelagert hatte und extern betrieb. Ich hatte keinen blassen Schimmer von der Branche und bin ziemlich blauäugig gestartet. Ich hatte den naiven Gedanken, dass mir nur Therapeuten begegnen würden, die Sozialkompetenz haben. Pustekuchen!

Es war teilweise noch schlimmer als in meinen schlimmsten Bürozeiten. Da führen Menschen Praxen, die keinen blassen Schimmer davon haben, wie man mit Personal umgeht. Wie sag ich immer? - Sie leben voll ihre Profilneurose aus, ohne Rücksicht auf Verluste.

Es wurde versucht, mich um mein Geld zu betrügen, mir Fahrtkosten für Hausbesuche, die ich mit dem eigenen Fahrzeug gemacht hatte nicht zu zahlen und mich dazu zu bringen, Behandlungen durchzuführen, die ich einfach nicht gelernt hatte und nicht durchführen darf. Und so kam ich wieder in meinen Strudel: häufig die Stellen wechseln und nicht richtig hinschauen, bloß um meine Existenz zu sichern.

Bis ich an einen Punkt kam, an dem mir klar wurde, dass ich genauer hinschauen muss, bevor ich meinen geliebten Beruf an den Nagel hänge.

Es gibt aber auch sehr viel Schönes aus meinem neuen Berufsleben zu berichten.

Ich weiß noch, dass ich in meinem ersten Praktikum nach zwei Wochen gedacht habe: »Wie? So kann arbeiten sein? Wow!«

Arbeit darf Freude machen und einen mit Sinn erfüllen. Das war und ist für mich heute immer noch ein Wunder!

Ich habe fast drei Jahre nebenher in einem exklusiven Fitness-Studio gearbeitet und dort die Menschen mit Massagen verwöhnt. Es war eine der schönsten Berufszeiten meines Lebens, aus denen ich so viel für mich mitgenommen habe. Vor allem das Gefühl, einen Platz zu haben.

Ich profitiere jeden Tag von meinem Arbeitstag. Die Begegnung mit so vielen verschiedenen Menschen ist sicher auch ein Teil meiner Heilung. Durch meine offene und vertrauensvolle Art erfahre ich so unglaublich viel über sie. Vielen von ihnen ist es unangenehm, wenn sich das, was sie ganz tief beschäftigt, Bahn bricht. Ich sage dann immer, dass es für mich kein Problem sei. Es ist Teil meines Jobs. Wer kommt ihnen sonst so nah? Für diese Menschen ist es ein Teil ihrer Lösung, sich einer neutralen Person anzuvertrauen. Ich lebe in so vielen Familien mit, fiebere mit ihnen und feiere mit ihnen ihre Fortschritte. So habe ich auch zum erneuten Mal gelernt, was Leben ausmacht: womit ich gut umgehen kann, wo ich aber auch aufpassen und gut für mich sorgen muss, damit ich mich nicht überfordere.

Ein Patient hat einmal zu mir gesagt, dass man mich mit dem letzten Freak in eine Kabine sperren könnte und der anschließend wieder lachend herauskäme. Das stimmt!

Hat sicher viel damit zu tun, dass ich die Menschen dort abhole, wo sie gerade sind, und dass ich sie so sein lasse, wie sie sind.

Wenn ich dann kaputt und müde nach einem langen Arbeitstag nach Hause komme, bin ich zufrieden und glücklich.

Lachen, und gerade mit Patienten lachen, tut so gut.

Ich, die »Sonnenschein-Mutmacherin«.

Jetzt darf es leben. Das, was ich schon immer in mir gespürt habe.

Ich habe keine Kinder und sage: »All das bekommen meine Patienten.« Ich kämpfe für sie wie eine Löwin. Das kommt von innen heraus. Ich staune immer wieder über mich selbst.

Zurzeit (Mitte 2021) habe ich meine Arbeitszeit auf ein Minimum reduziert: 20 Stunden auf 2,5 Tage pro Woche verteilt. Diese Zeit tut mir gerade so unglaublich gut. Danke an meinen Chef, der mir das möglich macht.

Es ist das erste Mal in meinem Leben, dass ich ohne Existenzangst einfach Zeit für mich habe. Ich komme mal wieder zum Denken und zur Ruhe. Ich sitze mal da und tue nichts. Wow!

Dieses Gefühl, immer gehetzt zu sein, hört auf und meine Selbstfürsorge nimmt nochmal zu. Eine der besten Entscheidungen meines Lebens.

Abschließen werde ich dieses Kapitel mit drei wundervollen Begebenheiten aus meinem neuen Berufsleben, die mir immer noch das Herz wärmen.

In meinem ersten Praktikum, in einer Klinik im Bergischen Land, hatte ich einen älteren Herren als Patienten. Er sagte zu mir, dass sein größter Wunsch sei, wieder am Rollator laufen zu können. Entgegen meiner Erfahrung habe ich aus meinem Bauchgefühl heraus geantwortet: »Das schaffen wir.«

Obwohl der Patient einen gesundheitlichen Rückschlag erlitt, haben wir an seinem letzten Tag in der Klinik auf dem Gang gestanden. Ich sehe uns heute noch dastehen. Er an

seinem Rollator. Wir schauen uns an und hatten Tränen in den Augen. Habe ich heute noch, wenn ich daran denke.
Das war ein Schlüsselmoment, in dem ich wusste, ich bin genau an der richtigen Stelle.

Die andere Begebenheit spielt in meiner Zeit des Anerkennungsjahres in einem Krankenhaus. Man hatte mich auf die Palliativstation geschickt. Ich war neugierig und gespannt, wie das für mich sein würde. Seitdem arbeite ich gerne mit Palliativpatienten. Ich hatte so großartige Momente dort – mit allem, was dazugehört. Wir haben dort Tränen gelacht, aber auch sehr ernste Momente gehabt. Vor allem, wenn die Verwandten wieder weg waren und die Menschen einfach mal was loswerden wollten. Ich empfinde die Menschen in dieser Phase ihres Lebens so klar. Ich mag das.

Noch eine süße Anekdote aus dieser Zeit. Es geht ebenfalls um einen älteren Herrn. Er hat Lymphdrainage für die Beine von mir bekommen. Eines Tages kam die Kontur seines Knies wieder zum Vorschein. Ich stand da, hab mich wie ein kleines Kind gefreut und gesagt: »Schauen Sie mal, da sind wieder Falten am Knie.« Da sagte der Patient trocken: »Sie sind die einzige Frau, die sich über Falten freut.«

Das war ein kleiner Einblick in die Zaubermomente, die ich immer wieder erlebe und die mir sagen: »Hey, du bist genau an der richtigen Stelle.«
Mein Beruf hat mich in meiner Entwicklung weitergebracht.

Was die Zukunft bringen wird, weiß ich nicht. Ich bin da aber weiter offen, was das Leben so bereithält. Weiterhin steht oben auf meiner Liste, anderen Menschen Mut zu machen, ihren ganz eigenen Weg zu gehen.

So bleibt es spannend!

Als nichts mehr ging

… und von mir fast nichts mehr da war.

Ende 2005, mit Ende zwanzig, ging gar nichts mehr.
Mein komplettes Leben flog mir um die Ohren. Ich kam mit meinen alten Mustern weder vor noch zurück. Von mir war fast nichts mehr übrig.

Beruflich war ich in eine Sackgasse geraten. Ich arbeitete seinerzeit als Materialdisponentin in der Automobilindustrie und gab mehr als alles. So, wie ich es kannte. Rückblickend habe ich da oft wahre Wunder vollbracht. Als ich sagte, dass ich an meine Grenzen komme, wurde noch mehr Druck ausgeübt, damit ich wieder funktionierte. Aus meiner Sicht auf die allerübelste Weise.

Dazu stand meine erste Ehe auf der Kippe, da ich mich gegen eine künstliche Befruchtung ausgesprochen hatte.

Ich habe gestrampelt, gekämpft und gerudert. Doch ich geriet immer weiter in den Sumpf, aus dem ich keinen Ausweg gesehen habe. All meine Strategien zogen mich nur noch weiter runter: leisten, mich anpassen, funktionieren und aushalten. Es ging nicht mehr!

Es ging gar nichts mehr!

Ich habe jeden Abend zu Hause, im 3. Zimmer unserer Wohnung gesessen und bitterlich geweint. Jeden Abend!

Da war nichts mehr, außer dem Sumpf.

Verzweiflung, Hoffnungs- und Hilflosigkeit hatten die Oberhand übernommen.

Wenn jemand in jener Zeit gesagt hätte: »Nimm diese Tabletten oder mach das, damit ist es vorbei«. Ich hätte es getan. Meine Todessehnsucht war wieder da.

Ich war ganz unten angekommen.

Was und wer hat mich über diese Zeit gebracht?

An erster Stelle mein Kater Max. Unermüdlich hat er sich jeden Abend zu mir begeben, sich in meinem Schoß zusammengerollt und war einfach nur da. Zu Hause war er in der Zeit das einzige Lebewesen, das wirklich da war.

Ich erinnere mich noch sehr genau daran, dass mein Ehemann im Wohnzimmer gesessen und Fernsehen geschaut hat. Selbst an einem Tag, an dem es ganz besonders schlimm gewesen war und Max ihn holen wollte, ist er dortgeblieben. Wir hatten aufgehört, miteinander zu reden.

Im Büro gab es zu jener Zeit einen Controller, der mir seine Hilfe angeboten hatte. So bin ich abends noch ins Büro gefahren und hab mit ihm die liegengebliebenen Sachen abgearbeitet. Auch er ist ein Engel meines Lebens. Danke!

Dann gab es noch eine Freundin aus Teenagerzeiten, die irgendwann zu mir sagte: »Beantrage doch mal eine Reha!« Auch ihr kann ich nur DANKE sagen.

Ich habe mit meinem damaligen Gynäkologen über das Thema Reha gesprochen und er fragte mich, ob mir klar sei, dass es eine psychosomatische Reha wäre.

Das war mir so was von klar.

Ich habe dann mit der Unterstützung des Arztes den Antrag gestellt und einen Termin bei der Rentenversicherung bekommen. Ich weiß noch, dass ich da wie weggetreten aufgeschlagen bin. Nach dem Termin ging es dann schnell. Ich habe den Bescheid bekommen und konnte die Reha prompt beginnen. Am 27.12.2005 habe ich meine Reha in der Eifel angetreten. Mein Exmann hat mich gefahren. Ich weiß noch, dass es auf dem Weg dorthin geschneit hat, ansonsten war ich weiterhin wie betäubt.

In dieser Reha bin ich acht Wochen geblieben.

Hier bin ich neu gestartet.

Ich feiere diesen Tag jedes Jahr als meinen zweiten Geburtstag.

Wer bin ich?

… und vor allem, wann und wie viele?

Davon, wer ich bin, was mich ausmacht und was ich an großartigen Eigenschaften habe, wusste ich nichts, als ich in der Eifel aufgeschlagen bin.

Zu dem Zeitpunkt habe ich mir gar nichts mehr zugetraut und war wie ein eingerollter Igel: die Stacheln aufgestellt und innerlich fast tot.

So begann in der Eifel meine Entdeckungsreise.

Die Reise zu mir und vor allem mit mir. So wie ich bin. Mit allem. Das komplette Paket.

Doch erst mal ging zwei Wochen fast gar nichts. Seitens der Klinik hatte ich fast null Programm, da ich eh dazu neige, zu viel zu machen. Schon das war für mich Gold wert. Zwei Wochen lang habe ich den Weg in den Ort nicht geschafft. Daran war gar nicht zu denken. Dann habe ich langsam Stück für Stück angefangen, die Stacheln zu legen und die Nase vorsichtig in den Wind zu strecken.

Die Reha-Einrichtung ist der Ort für mich, an dem ich mich zum ersten Mal in meinem Leben sicher und geborgen gefühlt habe. Wo mich Menschen nach außen beschützt haben. Ich weiß noch, dass ich anfangs sehr misstrauisch war und immer auf der Hut. In der Musiktherapie habe ich mich anfangs nicht mal getraut, laut zu singen. Die Musiktherapeutin war es dann auch, die mich »geknackt« hat. Sie hat mir »My

Way« auf dem Klavier vorgespielt und da liefen die Tränen nur so.

Zumal das Klavier mein Lieblingsinstrument ist, das ich gerne spielen lernen möchte. Die Therapeutin hat mir dann in kurzer Zeit »Alle meine Entchen« beigebracht. So kam mein Mut zurück. Auch der Mut, hinzuschauen.

Was passiert da gerade? An welchem Punkt stehe ich? Was für Kisten liegen, da an meinem Strand?

Sie auszupacken, hinzuschauen und auszuräumen wurde zu meiner selbst gestellten Aufgabe.

Hier begann mein Prozess und vor allem lernte ich mich kennen.

Über die Jahre sind viele Kisten an den Strand gespült worden. Manche habe ich erst mal liegen gelassen, andere haben mich angesprungen wie Kasper aus der Kiste.

Mit viel Mut und Zuversicht schaue ich sie mir an. Manchmal in Babyschritten, manchmal räume ich sie ganz schnell aus. Mit »mal eben« ist das alles eh nicht abgearbeitet. Das war mir sehr schnell klar.

Auch heute bin ich immer noch auf meiner Reise und entdecke Neues oder nehme eine Korrektur vor, weil das Alte einfach ausgedient hat.

So habe ich viel Wunderbares an mir entdeckt. Ich bin tatsächlich ganz viele und finde das heute auch schön.

Bei meinem Start in das neue Leben waren so viele Fragezeichen da:

Was macht mich aus?
Was tut mir – und zwar primär nur mir – gut?
Wer begleitet mich nun?

Wohin geht die Reise?
Bin ich liebenswert?
Bin ich etwas wert?
Was macht mich als Frau aus?

All diese Fragen habe ich nie gewagt zu stellen. Ich habe funktioniert und mit aller Macht versucht, die vermeintlichen Erwartungen anderer zu erfüllen. Das war meine Grundprägung.

Heute nenne ich mich so gerne »verrücktes Huhn« und liebe es, so zu sein. Mit eigenen Wünschen, Vorstellungen, Werten und Ideen für dieses Leben.

All das, was man als Kind oder Jugendlicher lernt, habe ich jetzt über die Jahre gelernt. Als Kind lernt man es spielerisch und als Teenie mit der Sicherheit der Liebe im Herzen. Als Erwachsener ist es ein langer und harter Prozess. Doch ich bereue keine einzige Sekunde davon. Auch nicht, wenn das Leben mal wieder eine Kiste Zitronen liefert. Für etwas sind die immer gut, zum Beispiel sie anzunehmen und Limonade daraus zu machen.

Ich weiß heute, dass ich situationsbedingt zur Einzelkämpferin geworden, aber von Natur aus ein Familienmensch mit einem großen Löwenherz bin.

Ich halte meine Herde gerne zusammen und beschütze sie.

Da ich keine Kinder habe, bekommen im Moment meine Patienten, Kunden und Freunde die Liebe und Fürsorge. »Irgendwo muss es hin«, sag ich immer. Seitdem ich das in meinem neuen Beruf lebe, bin ich viel zufriedener und hab so viele Glücksmomente gesammelt.

Ich weiß heute, dass ich ein sehr treuer und geduldiger Mensch bin, – fast bis zur Selbstaufgabe. Manchmal setze ich meine Grenzen immer noch zu spät. Doch auch das ist besser geworden. Heute übernehme ich Verantwortung für mich und das Thema Selbstfürsorge wird bei mir ganz groß geschrieben. So habe ich Stück für Stück immer mehr entdeckt und freigelassen, was mich tatsächlich ausmacht.

Ich habe ein paar großartige Eigenschaften von zu Hause mitbekommen, für die ich sehr dankbar bin. Dazu gehören Fleiß, Durchhaltevermögen, Zuverlässigkeit und Professionalität.

Ganz klar habe ich auch Spezialeffekte, doch auch die liebe ich an mir. Ich kann stur (ich nenne es willensstark) wie ein Panzer sein. Bei mir hat alles seinen Platz. Das brauche ich, um mich wohlzufühlen. Wenn es aus mir heraussprudelt, lasse ich andere Menschen nicht aussprechen.

Ich habe gerne strukturierte Tage und bin nicht flexibel für spontane Dinge. Ich ziehe mich oft immer noch in mein Schneckenhaus zurück, wenn ich enttäuscht bin und mache zu. Dann sortiere ich es für mich und komme wieder. Da sind so viele großartige Dinge, die ich an mir entdeckt und lieben gelernt habe. Ich freue mich jeden Tag aufs Neue, dass ich mich in der Eifel auf diese Reise gemacht habe.

Was ich auch entdeckt habe, ist, dass ich viele Gemeinsamkeiten mit anderen habe und doch so verschieden bin. Und, dass diese Gemeinsamkeiten verbinden, während die Unterschiede Inspiration in mein Leben bringen.

Eine meine tollsten Entdeckungen ist meine Kreativität. Sie ist mein Ausgleich und heute ein ganz wichtiger Bestandteil meines Lebens.

Anderen eine Freude zu machen und sei es eine Kleinigkeit, ist das Größte für mich. Aus wenig etwas Großes zaubern. Ich liebe es!

Dazu gesellt sich noch etwas anderes, was ich auch als kreativ bezeichne: Ich singe gerne. Am liebsten im Auto und dann ganz laut. Dazu entdecke ich immer mehr das Tanzen für mich. Sehr gerne discomäßig mit ganz vielen zusammen oder – wenn es keine Möglichkeit gibt – auch zu Hause allein im Wohnzimmer. Da wird die Bude gerockt. Zu sehr gemischter Musik. Bis die Suppe in den Schuhen steht. Dann war es eine gute Zeit.

Als ich vor Jahren bei einem Konzert von Robbie Williams war, habe ich so laut und lange gekreischt, bis ich aufhören musste, sonst wäre ich umgefallen. Tut heute noch gut, wenn ich daran denke.

Meine andere Leidenschaft gilt schon seit Kindertagen dem Ballett. Als Kind habe ich keine Gelegenheit dazu bekommen, doch heute lasse ich es leben. Ich liebe diese eleganten und strukturierten Bewegungen.

Sehr gerne würde ich auch mit einem Partner tanzen lernen. Was nicht ist, darf gerne noch werden.

Ich bin ein temperamentvoller, lebendiger Mensch mit Leidenschaft und Sinnlichkeit. Aber auch: ein zähes Stück Mensch.

All das habe ich nun über die Jahre entdeckt und es gefällt mir sehr, was ich da sehe und wahrnehme.

Ich bin neugierig, was ich noch so alles entdecken werde, und freue mich drauf.

Die Reise geht frohen Mutes weiter!

Bei einem Vortrag in meiner ersten Reha-Klinik hat mich ein Patient gefragt, wie es denn so sei, gegen den Strom zu schwimmen.
Ich habe ihn erst mal verdutzt angesehen und wusste gar nicht, was er meinte. Dann dämmerte es mir langsam und wurde ganz klar: Ich lebe ein Leben außer der Norm. Heute kann ich immer noch drüber schmunzeln und »Danke« sagen für diesen Denkanstoß.

Wenn ich zurückschaue, wird mir klar, dass ich schon immer anders war. Im Gegensatz zu meinem Bruder habe ich meine Revolution immer leise, still und heimlich durchgezogen. Ich habe erst ausprobiert, gewendet, gedreht und von allen Seiten geprüft und getestet. Wenn es dann passte, habe ich es öffentlich gemacht. Für viele Menschen war es dann ein Schock, weil es anscheinend aus dem Nichts kam. Doch bei mir stand dahinter ein langer Prozess. Das ist auch heute noch so. Ich sag immer: »Das ist so einfach bei mir. Ich kämpfe lange, sehr lange, und mache und tue. Die gefährlichste Zeit ist dann, wenn ich still werde.« Doch das Verstehen nur die wenigsten und so möchte ich das mal ganz klarstellen. Wenn ich still werde, ist der Zug fast aus dem Bahnhof. Dann bin ich klar auf der Abreise. Dann suche ich für mich eine Lösung, und zwar nur noch für mich. Leider glauben viele, wenn ich still werde, sei alles in Ordnung. Nein, so gar nicht!
So einfach ist die Bedienungsanleitung!

Meine Hilfen

… und mein gut gefüllter Werkzeugkoffer.

Heute ist mein Werkzeugkoffer gut gefüllt und so manche Situation, an der ich vor Jahren verzweifelt bin, meistere ich heute mit Bravour.

Es kommen auch immer neue Werkzeuge dazu. Ich bleibe neugierig und offen. Diese Werkzeuge habe ich durch Ausprobieren und Mich-immer-wieder-auf-den-Weg-machen, gefunden. Vor allem gilt es, offen zu bleiben und sich ganz klar zu sagen: »Nein, das ist nicht meins.«

Ich habe gelernt, neue Werkzeuge manchmal ganz schnell zu integrieren, weil sie einfach passten.

Ein wichtiger Schritt auf diesem Weg ist, es überhaupt zuzulassen, Hilfe anzunehmen. Das war für mich die schwierigste Hürde: dem anderen dahingehend zu vertrauen, dass er/sie es gut meint und keine Erwartung daran knüpft. Die Königsdisziplin: um Hilfe bitten. Gelingt mir immer besser und tut so unglaublich gut.

Ein von Herzen kommendes: »Lass mal, ich mach das schon«, rührt mich auch heute noch zu Tränen und erzeugt ganz viel Dankbarkeit. Es gibt für mich fast nichts Schöneres auf der Welt, als wenn mich jemand ganz fest in den Arm nimmt und mich einfach nur festhält.

Doch, wie ging das los mit den Hilfen?

Meine ersten Erfahrungen mit Therapeuten habe ich in der Eifeler Reha gehabt. Dafür bin ich dankbar. Ich hatte das Glück, diese positive Erfahrung machen zu dürfen. Ganz sicher wurde dort der Grundstein gelegt für die Sicherheit, Therapeuten vertrauen zu können. Die Bezugstherapeutin hat das einfach super gemacht. Zu jener Zeit gab es zum Glück noch einmal pro Woche ein langes Gespräch.

Dazu kam die Musiktherapeutin, die für mich einfach Gold wert war und auch heute noch ist. In den Einzelstunden habe ich so unglaublich viel für mich mitgenommen. Ich empfand sie als mütterlichen Typ, was zu jener Zeit genau richtig war und mich aus meinem Schneckenhaus gelockt hat.

In der Klinik gab es den ein oder anderen Engel (oder auch Arschengel) meines Lebens. Alle haben mich vieles gelehrt, vor allem aber habe ich gespürt, genauso in Ordnung zu sein, wie ich bin.

Hier habe ich auch das erste Mal in meinem Leben erlebt, wie es sich anfühlt, geliebt zu werden. Einfach um meiner selbst willen. Dafür bin ich einfach dankbar und die Gedanken daran wärmen mich noch heute.

Nach dem Aufenthalt in der Klinik war mir klar, dass es mit Therapie weitergehen würde und dass noch eine Menge Arbeit auf mich wartete. Ich hatte weiterhin Glück mit meiner Therapeutin. Parallel dazu habe ich mich auf die Reise gemacht und geschaut, was ich in meinen Werkzeugkoffer packen könnte, um die Wellen des Lebens surfen zu können. Welche Menschen werden mich begleiten? Wer passt nicht mehr in meine Welt? Ich war schon immer neugierig und probiere gerne aus. »Nein« kann ich aus meiner Sicht dann immer noch sagen, während Dinge, die passen, integriert werden.

Mich den Dingen immer wieder zu stellen und zu vertrauen – dazu habe ich einen langen Atem und viel Mut gebraucht. In den meisten Fällen bin ich belohnt worden, aber es gab es auch Durststrecken.

Ich erinnere mich noch an einen Therapeuten, in einer Phase, in der es mir ziemlich schlecht ging. Er sagte irgendwann, dass er mir nicht helfen könne und hat mich nach Hause geschickt. Ich habe die Praxis wie betäubt verlassen und als er am nächsten Tag angerufen hat, bin ich nicht ans Telefon gegangen.

Eine andere Therapeutin sagte mir bei der zweiten Sitzung: »Na, Sie sehen schon viel besser aus.« Bin ich auch nicht mehr hingegangen.

Als ich schon ein paar Jahre Therapie intus hatte, habe ich einer ganz frischen Therapeutin die Chance gegeben. Da bin ich dann auch nicht mehr hingegangen, als mir aufgefallen war, dass es mir nichts mehr brachte, da ich mit ihr gespielt hatte. Wenn ich keine Lust mehr hatte, habe ich einfach nur Belangloses erzählt, einfach drum herum um des Pudels Kern.

Ich bin mir sicher, dass all diese Menschen einen guten Job machten, doch für mich passte es einfach nicht.

Manchmal ist es die Suche nach der Stecknadel im Heuhaufen und oft kommen die Menschen so ins Leben, wie es passt.

So habe ich mich immer wieder auf die Reise gemacht und Stück für Stück ging es weiter.

Meine zweiten Reha, im Schwarzwald, war bis auf die Ergotherapeutin eine Katastrophe. Dort kam mir der Glaube an die klassische Psychotherapie abhanden. Dank des Tipps einer früheren Freundin habe ich dann mit einem Coachin gearbeitet. Mit ihr habe ich so große Fortschritte gemacht. Danke!

Sie hatte die Idee zu dem Beitrag für »Frau tv« und hat mich an jenem Tag begleitet. Was mir vor allen Dingen geholfen hat war, dass sie die Dinge klar benannt und mich dann losgeschickt hat, um zu recherchieren. Das hat so super funktioniert und mich in meiner Entwicklung Riesenschritte nach vorne gebracht. Als sie vor mir saß und sagte: »Sie wissen schon, dass sie ein Entwicklungstrauma davongetragen haben?«, saß ich erst mal da. Eh, so schlimm war es dann doch nicht.

Doch, es war sogar noch schlimmer. Sie hat mich dann losgeschickt: recherchieren. Das hat eine Tür geöffnet. Ich habe auf einmal so vieles verstanden und das Bild wurde klarer. Dieses Wissen, so hart es damals für mich war und heute auch noch manchmal ist, hat einen riesigen Schritt dazu beigetragen, dass es heute so lebenswert für mich ist. Ich weiß nun, dass es Flashbacks sind, die mich immer mal wieder überfallen haben. Heute benutze ich meine Werkzeuge: atmen, die Phasen ganz bewusst zulassen und erleben und dann in Liebe loslassen. Ebenso weiß ich, dass da etwas gehört und gesehen werden möchte. Nachdem ein ehemaliger guter Freund mich mal gefragt hat, wie solch eine Situation ablaufe und wie mir das bewusst geworden sei, hatte sie ihren Schrecken verloren. Und es passiert immer seltener – durch meine immer besser werdende Selbstfürsorge. Wenn es dann doch mal wieder so weit ist, weiß ich, dass Sand im Getriebe ist. Also: hinschauen und optimieren! Meine Coachin hat bei jeder Sitzung auf einen Teil seines Geldes verzichtet, sonst hätte ich das gar nicht stemmen können. Dafür bin ich ihr heute noch dankbar. Ein großer Engel meines Lebens!

Als ich an den Niederrhein gezogen bin, kam ich noch mal in eine Phase, in der ich professionelle Hilfe brauchte. Ich denke, das hing auch mit dem Neustart zusammen. Auch hier habe ich Glück gehabt und es hat sich super gefügt. Durch den Tipp einer Freundin schrieb ich die zentrale Vergabestelle für Therapieplätze an und bekam genau eine Adresse. Dadurch, dass ich auch vormittags Termine wahrnehmen konnte, habe ich einen Platz bei dem neuen Therapeuten bekommen. Es passte perfekt und auch in dieser Zeit habe ich noch mal ganz viel in meinen Werkzeugkoffer gepackt. Mein Therapeut ist ein alter Fuchs und hat mich super bei meiner dritten Reha unterstützt. Ich schmunzle heute noch, wenn ich an ihn denke. Wie habe ich ihn immer beschrieben? – Er lümmelt da in seinem Sessel und macht einen super Job. Passte für mich einfach und hat mich mit den konventionellen Therapeuten versöhnt. Das hat auch meine dritte Reha getan.

Irgendwann wurden die Zeiträume zwischen den Sitzungen größer und es kam der Impuls: Es reicht. Ich war therapiemüde und wollte leben. Hier und jetzt. Das Gelernte ausprobieren und einfach genießen. Das, was ich über die Zeit für mich erarbeitet hatte, genießen. Vor allem wollte ich das Wort NEIN benutzen und ganz klar meine Grenzen ziehen.

Es funktioniert. Und gerade jetzt, zwei Jahre nach der letzten Reha, ist es rund. Wenn ich das so schreibe, habe ich ein Strahlen im Gesicht. Jetzt ist Erntezeit für mich! Meine letzte Reha verbrachte ich in Bad Kissingen in einer Klinik der

»Heiligenfeld Gruppe«. Dieses Konzept passte einfach perfekt zu mir und hat nochmal wichtige Impulse gesetzt, an denen ich weitergearbeitet habe.

Beim Nachgespräch habe ich meine Bezugstherapeutin gefragt, ob sich Familie so anfühle. Da hat sie gelacht und gesagt: »Das war die Referenz, die wir Ihnen mitgeben wollten.« Es hat so was von funktioniert.

Berührt mich auch nach zwei Jahren noch sehr. Ich habe dort den weiter vorne im Buch zu findenden Text »Einsamkeit« vorgetragen und mir so vor achtzig Menschen ein Versprechen gegeben.

Einen Tag vor meiner Abreise in die Reha war mir mein Hauptjob gekündigt worden. Ich bin trotzdem gefahren. Trotz der Ungewissheit, wie es weitergehen würde, konnte ich mich super darauf einlassen. Ich habe sogar eines meiner Themen in die Gruppentherapie eingebracht und auch darüber bin ich heute noch sehr froh: Ich hatte mich bis dahin nie als Mädchen oder Frau wahrgenommen. Das war eine großartige Sitzung und seitdem wird es immer besser.

Diese Klinik hat für mich so ein stimmiges Konzept, doch, wie bei allem: Wenn ich mich nicht darauf einlasse, gehe ich so wieder nach Hause, wie ich gekommen bin. Auch hier ist die Nacharbeit aus meiner Sicht das Wichtigste.

Was hat mir sonst noch geholfen?

Ich habe mich sehr intensiv mit Hochsensibilität beschäftigt. Auch dieses Thema hat mich angesprungen. In einem alternativen Laden stand ein Buch im Fenster: »Leben mit Hochsensibilität« von Susan Marletta-Hart. Auf dem Cover war eine Pusteblume in Nahaufnahme. Ich bin des Öfteren vorbeigelaufen und immer stand es da und lächelte mich an.

In mir ging ein wahrer Sturm los: Du bist doch kein Weichei, keine Mimmi usw. Die komplette Palette von dem, was man versucht hatte, mir einzutrichtern. Irgendwann habe ich das Buch dann gekauft und bin heute noch froh darüber. Ich weiß noch: Als ich das Vorwort las, liefen mir die Tränen in Strömen runter.

Da stand das, was ich schon immer gefühlt hatte. Schwarz auf weiß. Und die beste Nachricht für mich war, ich bin nicht allein. Das hat mir so viele Türen geöffnet. Es gibt die verschiedensten Theorien dazu, warum Menschen hochsensibel sind. Manchen sagen, alle Menschen seien es. Es gibt auch Theorien, die Hochsensibilität als eine Trauma-Folgestörung bezeichnen. Ich denke, die Wahrheit liegt irgendwo in der Mitte, wie bei so vielen Themen des Lebens. Fakt ist, dass Hochsensiblen ein Filter für Reize fehlt. Es prasselt einfach alles ins System. Das bringt ein paar Dinge mit sich, die ich zu beachten gelernt habe: dass ich mehr Pausen brauche, dass es länger dauert, Dinge zu verarbeiten, dass ich eine ruhige Wohnsituation brauche, dass ich auch sehr kleine Nuancen wahrnehme. Zunächst habe ich meine Hochsensibilität verneint. Ich wollte einfach »normal« sein. Dann habe ich mich intensiv damit beschäftigt und heute liebe ich diese Eigenschaft als Teil meiner Persönlichkeit. Sie hat so schöne Seiten! Vor allem bei meiner Arbeit mit Menschen profitiere ich sehr davon und bin sogar dankbar dafür. Dieses Merkmal für mich zu integrieren und zu akzeptieren, hat mich ein großes Stück authentischer gemacht. Wenn heute jemand zu mir sagt: »Sei doch nicht so empfindlich!«, dann sage ich: »Ich darf das, ich bin ein Mädchen!«

Sport war und ist mir heute noch eine Riesenhilfe, um mich auszugleichen und zu sortieren. Ich weiß noch: Während meiner Umschulung habe ich Spuren in die Trasse an meinem Wohnort gefräst. Teilweise habe ich losgelegt, bis ich keine Luft mehr bekam. Dann ging der Stress runter und ich wurde ruhiger. Durch das Leistungsschwimmen war ich es gewohnt, mich über den Sport auszugleichen. Ich habe es mal eine Zeit ohne Sport versucht. Das war eine Katastrophe.

Auch im Bereich Sport probiere ich gerne aus und habe einiges gefunden, was mir liegt. Nach meiner ersten Reha habe ich Taekwondo gemacht. Wir waren eine super Truppe und mein Selbstbewusstsein wurde gestärkt. Wir Älteren hatten Mittwochsabends Training. Ich erinnere mich noch an einen Abend, an dem wir mit Boxhandschuhen trainiert haben. Mein Sparringspartner hat mich so lange angeschrien, ich solle mal richtig zuschlagen. Irgendwann hat mein Kopf aufgehört zu funken und ich habe mit einer Kraft geboxt, über die ich mich selbst erschrocken habe. Da war ein Bums dahinter! Dafür bin ich ihm heute noch dankbar. So habe ich endlich mal gespürt, was in mir steckt. Ich habe sogar die ersten zwei Prüfungen erfolgreich abgeschlossen. Die Gürtel und Anzüge habe ich heute noch. Ich mag, wie strukturiert Taekwondo ist: diese Rituale, sich zum Beispiel beim Betreten und Verlassen der Halle zu verneigen.

Als ich beruflich wegzog, war das Kapitel beendet.

Ich habe dann das Laufen für mich entdeckt. An einem Stausee habe ich angefangen: ein Stück gelaufen und dann wieder zurück. Irgendwann war mir das zu blöd und es hat mich gepackt. Ich bin eine ganze Runde gelaufen und hab mich einfach nur gefreut. Zum ersten Mal erfuhr ich, wie sich Ehrgeiz im Sport anfühlt, gepaart mit der Freude, sich draußen zu bewegen. Es hat mich so gepackt, dass ich vor elf Jahren dreimal einen Halbmarathon gelaufen bin. Diesen Punkt zu überwinden, wenn der Kopf sagt: »Was machst du hier eigentlich? Bist du total bescheuert?«, das ist so ein unbeschreibliches Gefühl und wenn das Ziel zu sehen ist. Macht schon süchtig. Ich wollte einmal in Köln laufen. Ich liebe diese Stadt. Ich habe mir diesen Traum erfüllt. Ich habe mir für zwei Nächte ein Hotel genommen und bin hingefahren. Allein. Am Vorabend des Laufes war ich im Kölner Dom zum Gottesdienst. Am nächsten Tag bin ich gelaufen. Das Publikum trägt einen da durch. Es war nur großartig! Laufen ist auch heute noch wichtig für mich. Meine Medaillen liegen in meiner Vitrine und ich bin mächtig stolz darauf. Auch heute bekomme ich den Kopf frei beim Laufen. Ich wähle die Strecke je nach Tagesform und sage, es sei therapeutisches Laufen: Kopf frei bekommen und die Muskulatur lockern. Obwohl: Seit einiger Zeit regt sich mein Ehrgeiz wieder. So ein Zehn-Kilometer-Lauf wäre schon großartig.

Irgendwann hat sich dann Yoga dazugesellt. Bis dahin wusste ich gar nicht, dass es auch eine ruhige Variante von mir gibt. Ich bin immer wie ein Duracell-Hase auf Speed unterwegs gewesen. Dann kamen Yoga und mein toller Yoga-Lehrer in mein Leben. Er hatte sein Studio direkt bei mir um die Ecke eröffnet und ich war sofort begeistert. Diese Zeit hat mir geholfen, so manche Klippe zu umschiffen, und war lange eine beständige Größe in meinem Leben. Das Studio verfügte über so wundervolle Räume. Wenn ich da über die Schwelle gekommen bin, habe ich gemerkt, wie ich runterkomme. Ich habe dort atmen gelernt – für mich auch heute noch eine ganz wichtige Ressource in turbulenten Zeiten. Der Yoga-Lehrer war einfach ein Schatz. Ich schmunzle heute noch, wenn ich daran denke, was für eine Diva er manchmal war. Er hatte einfach einen festen Platz in meinem Leben. Danke!

Es hat Jahre gedauert, bis ich Ausschau nach einem neuen Studio gehalten habe.

Was habe ich an Sportarten sonst noch ausprobiert?

Ganz klar: Fitnessstudio. Die Kurse finde ich super und das Training an den Geräten macht für mich auch Sinn, aber das Aufwärmen dort mag ich gar nicht. So auf einem Gerät zu hampeln ist gar nicht mein Ding. Ich bewundere Menschen, die das können, aber meine Welt ist das nicht. Das habe ich nach diversen Anläufen für mich beschlossen. Auch eine gute Erkenntnis, die im Vorfeld vor allen Dingen Geld gekostet hat. Habe ich gerne ausgegeben.

Zumba finde ich gut. Habe ich auch gemacht. Mich motiviert schon die Musik. Wenn dann vorne auch noch ein motivierter Trainer steht, alles super.

Tanzen kommt bei mir eh immer mehr. Die Idee mit dem Ballett ist geblieben. Und tatsächlich gibt es auch Anfängerkurse für Erwachsene. Also: Ran da! Für mich. Kindheitstraum verwirklichen.

Auch das Schwimmen macht mir wieder Spaß und gleicht mich super aus: den Kopf ins Wasser und meine Bahnen ziehen. Die Welt einfach draußen lassen und zur Ruhe kommen, diese Leichtigkeit im Wasser spüren und genießen. Es hat viele Jahre gedauert, bis es heute ein Genuss für mich ist. Das »Fliesenzählen« meiner Kindheit und Jugend hat es mir lange verleidet. Doch irgendwann kam der Punkt: Ich probierte es und seitdem liebe ich es. Ganz besonders, wenn ich nackig schwimmen oder einfach im Thermalbad dümpeln kann. Wasser hat für mich eine sehr ausgleichende Wirkung.

Fahrradfahren dagegen liegt mir gar nicht. Ich fahre (sogar wieder etwas mehr, seit ich am Niederrhein lebe), doch so wirklich Freude und Begeisterung kommt da nicht auf.

Ich bin lieber zu Fuß unterwegs.

Zu sportlichen Aktivitäten gesellen sich viele Menschen, die mir in meinem Leben weitergeholfen haben. Ich nenne sie die Engel meines Lebens.

Manchmal auch Arschengel. Doch auch denen bin ich dankbar, weil auch sie mich weitergebracht haben.

Da ist meine Oma väterlicherseits, deren Tür einfach immer für mich offensteht. Bedingungslos und mit einem Löwenherz. Gerade während meiner Umschulung war sie für mich da, hat hinter mir gestanden und mir den Rücken gestärkt. Selbst, wenn es mal eine Zeit lang keinen Kontakt gab, weil ich voll in einem Prozess war, hat sie mich immer wieder mit offenen Armen empfangen. Wir habe viel Schönes zusammen erlebt und im Erwachsenenalter war sie oft mein einziger Halt. Ich sage immer, wenn ich jemandem von ihr erzähle: »Ich weiß gar nicht, wie viele Kinder sie großgezogen hat.«

Wir haben in Gesprächen einiges aufarbeiten können, wofür ich ihr sehr dankbar bin. Keine Vorwürfe. »Einfach nur schön, dass du da bist oder dich meldest.«

Egal in welchen Turbulenzen ich gerade gesteckt habe, sie gleicht so viel aus. Der wichtigste Satz, den sie zu mir gesagt hat: »Mein Mann hätte gehen können, aber ich wäre nie ohne meine Kinder geblieben.« Da war mir klar: eine Mutter mit Leib und Seele. So ist das Leben. Eine Löwenmama!

Ich bin froh und dankbar für die intensive Zeit, die ich mit ihr hatte.

Wenn ich zurückblicke, gab es viele Engel in meinem Leben, für die ich dankbar bin. Auch heute gibt es sie und es begegnen mir immer wieder welche.

Manche begleiten mich seit Jahrzehnten, andere tauchen nur kurz auf oder begleiten mich ein Stück. Irgendwann ist mir die Bezeichnung eingefallen und sie beschreibt sehr genau, was diese Menschen für mich sind.

Jeder Einzelne hat mir etwas mitgebracht, mir etwas gezeigt, was für mich Leben ausmacht. Wieder ein Stück des Puzzles vervollständigt.

Ein paar »Engel« möchte ich näher erwähnen, weil sie einfach Schlüssel in meinem Leben sind. Da ist meine erste große Liebe, die ich mit Ende zwanzig kennenlernen durfte, als nicht mehr viel von mir übrig war. Ich wollte anfangs keine Beziehung, da ich ein sehr treuer Mensch bin. Daher konnte ich mich auch erst drauf einlassen, als für mich klar war, dass meine Ehe keine Zukunft hat. Er hat mir Zeit gegeben. Dann durfte ich etwas erleben, was ich mir vorher noch nicht einmal in meinen Träumen habe vorstellen können: LIEBE.

Einfach bedingungslose Liebe mit allem, was für mich dazugehört. Er hat mir gezeigt und mich fühlen lassen, was Liebe ist. In meiner Welt. Er war da. Er war einfach da und hat mich festgehalten. Er war der erste Mensch, der mir das Gefühl gab, etwas wert zu sein, der mich aus meinem Schneckenhaus geholt hat.

Unser Lied ist »Sunglasses at Night« von Corey Hart. Wenn es im Radio läuft, ist er wieder ganz nah.

Wir haben uns gegenseitig Halt gegeben in einer der turbulentesten Zeiten unseres Lebens. Wir haben uns den Glauben an die Liebe gegeben. Er ist abends mit mir schaukeln gefahren. Wir haben einen Nachmittag in einem Indoorspielplatz, denn es heute noch gibt, verbracht. Wir haben eine Nacht in einem Hotel in Trier verbracht, gedeckt von Mitpatienten, die in unserer Clique waren. Er war einfach da und ich hätte die schwere Zeit in meiner ersten Reha ohne ihn nicht überstanden. Wie heißt es in einem Lied von Rosenstolz? – »Dann kam die Zeit für dich und deine Welt.« Ich habe lange gebraucht, um wieder zu mir zu finden.

Nach einem Jahr haben wir nochmal einen Versuch gestartet, doch das Vertrauen war einfach weg. Er behält aber viel Platz in meinem Herzen, denn er hat mir beigebracht, wie es sich anfühlt, zu lieben. Danke, von ganzem Herzen!

Ich habe mich bei ihm beschützt und geborgen gefühlt, und zwar so, wie ich bin. Von ihm weiß ich, wie es sich anfühlt, Liebe zu machen. Ich sage nur: »Wow!!!«

Durch die Engel meines Lebens habe ich gelernt, zu nehmen. Heute kann ich mir sagen: »Wenn derjenige es mir nicht hätte geben wollen, hätte er es nicht getan.« Vorher war das Nehmen gefühlt immer an eine Bedingung geknüpft. Doch es ist anders. Es gibt Menschen, die genauso gerne von Herzen geben, wie ich es tue. Also: zurücklehnen und genießen.

So kamen immer im richtigen Moment Menschen in mein Leben, die mir etwas mitgebracht haben. Ich habe gelernt, sie auch in Liebe wieder gehen zu lassen, wenn ihre Aufgabe erfüllt ist. Für mich ist das heute der Lauf der Zeit. So hat sich im Laufe der Jahre auch mein Gefühl von Einsamkeit verflüchtigt, vor allem, seit ich mich liebe.

Eine sehr gute Bekannte oder besser, eine entfernte Freundin, sagt immer zu mir: »Das Leben kümmert sich um uns.« Sie hat so recht. Wenn ich auf das Leben vertraue, kümmert es sich um mich, ohne dass ich etwas dafür tun muss. Das ist so ein wunderschönes Gefühl.

So kommen auch die Menschen in mein Leben, wie sie passen. Manchmal steh ich da und denke: »Warum der oder die und warum jetzt?« Doch dann kommt irgendwann die Erkenntnis und ich bin einfach nur dankbar – für jeden Einzelnen.

Der Kontakt zu Menschen ist eine der wichtigsten Hilfen. Ich meine damit wirkliche Kontakte, bei denen ein Austausch stattfindet – mit Geben und Nehmen. Ich bin auch sehr konsequent beim Aussortieren geworden: Energie-Vampire, nein danke!

Geholfen haben mir auch Vorbilder. Häufig stolpere ich über ein Buch oder einen Film. Menschen erzählen ihre Geschichte und machen mir Mut damit. Ich merke dann einfach: Hey, du bist nicht allein. Sie geben mir wieder Schwung, weiterzumachen. Bei Personen, die mir nahestehen, geht es mir um Zuverlässigkeit und vor allem Beständigkeit. Ehrlichkeit ist auch ein wichtiger Aspekt!

Ich möchte nicht unerwähnt lassen, dass es auch in meiner Ursprungsfamilie, neben meiner Oma, der beständigen

Größe, immer mal wieder eine helfende Hand gab oder zumindest einen Versuch. Mit der neuen Frau meines Vaters hatte ich in guten Zeiten bessere Gespräche als jemals mit meiner Mutter. Mein Vater ist ein »Saisonarbeiter« und mir gegenüber sehr negativ unterwegs. Aus diesem Grund gab es immer wieder Kontaktunterbrechungen. Auch er hat sich sicher immer wieder Mühe gegeben, doch mit seiner permanenten negativen Kritik an allem, was ich mache, mag ich nicht mehr umgehen.

Nachdem in der gesamten Familie eher die Methode vorherrscht: Kehren wir unter den Teppich und bloß nicht damit auseinandersetzen, ist der Graben aus meiner Sicht zwischen uns heute größer als je zuvor – nach dem Beitrag bei »Frau tv« sowieso. Ich bedanke mich für all die Hilfen, die ich bekommen habe, doch im Endeffekt gab es nie einen familiären Zusammenhalt. Heute ist das okay für mich und was ich nie hatte, kann ich auch nicht vermissen. Ich finde es toll und es geht mir das Herz auf, wenn Menschen mir aus ihren Familien erzählen. Das hilft mir enorm und ich empfinde es intensiv, seit ich in meinem neuen Beruf tätig bin. Ich liebe das, Menschen so nah zu sein und das ist ganz sicher Teil meiner Heilung.

Während ich schreibe, sind mir noch zwei große Hilfen meines Lebens eingefallen. Die erste sind Bücher. Seitdem ich lesen kann, verschlinge ich Bücher: Sprung vom Ein-Meter-Brett und rein in die Geschichte. So habe ich gelernt, wie sich Leben anfühlt und was es ausmacht. Ich kann auch heute noch stundenlang, fast unbeweglich, auf meinem Sofa sitzen und lesen.

Auf der anderen Seite ist Lesen für mich die beste Einschlafhilfe. Der Kopf kann voll sein, ich nehme ein Buch in die Hand, lese und meist bin ich ganz schnell eingeschlafen. Ich liebe Bücher mit einem guten Ende, lese aber auch mal gerne so einen richtig guten Psycho-Thriller oder ein Buch über einen Serien-Mörder, bei dem das Blut aus dem Buch tropft. Es muss mich packen und dann kann ich, auch heute noch, die halbe Nacht lesen. Zum Glück gibt es immer genug Nachschub. Ich liebe Bücher!

Meine zweite große Hilfe ist das Schreiben. Seit ich Teenager bin schreibe ich Tagebuch – ganz sicher aus der Not heraus, weil da häufig niemand war, mit dem ich mich austauschen konnte.

Auch heute ist das Schreiben noch eine wichtige Sortierhilfe für mich. Wie sagte mein Coachin? – »Raus aus dem System damit!« Ich schreibe nicht jeden Tag, doch wenn ich bewegte Zeiten habe, häufiger. Dass es hilft, ist sogar mittlerweile wissenschaftlich erwiesen. Ich habe mich sehr gefreut, als ich das gelesen habe. So habe ich aus einem Impuls heraus etwas Gutes für mich gefunden. Ich lese das Geschriebene auch nicht nochmal. Das ist seit jeher meine Regel. Meine Coachin hatte mir die Aufgabe gegeben, all den Ärger, die Wut, die Trauer, einfach alles, was mich aus dieser Kindheit belastet, rauszuschreiben. Habe ich getan. Ich weiß gar nicht, wie viele Heulboxen ich verbraucht habe. Doch es war gut. Mehr als das. Danach durfte Stück für Stück Ruhe und Frieden in mein Leben einziehen. Seitdem triggern mich viele Dinge gar nicht mehr. Ich bin mitten durch diesen Sumpf gewatet, hab auf die Tasten meines Laptops eingehauen und alles rausgelassen, hab Kisten leergeräumt und mal ganz gründlich ausgemistet. Eine Riesenbefreiung für mich. Ich habe dabei getobt, gewütet und Rotz und Wasser geheult, doch irgendwann war‘s dann gut. Das Ganze wurde von mir als »Bilanz der Kindheit« bezeichnet. Ich habe die Datei heute noch auf einem Stick. Doch auch die schaue ich mir nicht mehr an. Ist einfach erledigt.

Ich habe tatsächlich noch eine Brieffreundin. Sie ist eine der Personen, die mich am längsten begleitet. Wir hatten mal überlegt, auf E-Mail umzusteigen, wollten das aber beide nicht. Für mich ist, etwas von Hand aufzuschreiben, dasjenige, was mich sortiert und mir klarmacht, wo ich gerade bin. Ganz abgesehen davon liebe ich es, einen Brief in meinem Briefkasten zu finden. Dann freue ich mich wie ein Kind.

Ich habe schon sehr früh gewusst, dass ich irgendwann mal ein Buch schreiben werde. Mir war nur sehr lange nicht klar, worüber. Mit der Zeit entstand die Idee und wurde immer konkreter. Auch dieses Buch ist eine Hilfe für mich. Gerade jetzt passt es perfekt, weil es sich seit einiger Zeit wie ein neuer Lebensabschnitt anfühlt. So hat alles seine Zeit.

Heute weiß ich, die Welt ist voller großer und kleiner Hilfen. Es gibt so großartige Menschen auf dieser Welt. Das Wichtigste war und ist für mich, offen zu bleiben und vor allen Dingen, neugierig. Neugierig auf das, was das Leben bereithält.

Mich für das, was gewesen ist, nicht zu schämen, ist für mich die größte Hilfe, die ich mir selbst geben konnte. Mich nicht mehr zu verstecken, getreu dem Motto, das meine große Liebe mir mitgab: »Kopf hoch, Bauch rein und Brust raus.«

All die Gefühle zuzulassen, die ich so lange versteckt habe. Es ist für mich die größte Hilfe, wenn jemand Anteil nimmt – vor allem auch an der Freude.

Auch die Arbeit mit meinem »inneren Kind« hat mir nochmal mehr Frieden gebracht.

So traten rückblickend die Menschen oder die Dinge immer genau zum richtigen Zeitpunkt in mein Leben.

Danke für all meine Engel!

Ich verneige mich tief vor euch!

Heute

… ist es MEIN Leben und ich lege die Spielregeln fest.

Der Drache fliegt ohne Netz und doppelten Boden.

Ich komme aus dem reinen Überlebensmodus in den Lebens- und Genießer Modus. Das ist noch frisch und ungewohnt und tut doch so unglaublich gut.

Ich lebe als Frau ein Maß an Freiheit und Selbstständigkeit – dafür würden andere ihr Leben geben. Ich bin so dankbar, dass ich in diesem Land geboren wurde. Viele Frauen haben über Generationen hinweg gekämpft, dass ich mein Leben heute so selbstbestimmt leben kann, wie ich es tue. Vielleicht war das eine Absicht meiner Mutter, mir das alles zu ermöglichen? Es hat funktioniert. Es erfüllt mich mit Dankbarkeit, wenn ich sehe, was heute für Frauen alles möglich ist.

Ich bereue keine einzige Entscheidung, die ich in meinem Leben getroffen habe. Es war sicher ein steiniger Weg und doch würde ich ihn genauso wieder gehen.

Es gab mal eine Plakataktion einer Hilfsorganisation, die sich ganz sicher auf Flüchtlinge bezog. Als ich den Text las, dachte ich bei mir: «Wow, da hat es jemand auf den Punkt gebracht.« Ich weiß noch, dass ich Tränen in den Augen hatte und eine Gänsehaut am ganzen Körper.

Dort stand: »Manche Verlassen ihr ganzes Leben, um es zu behalten.«

Ich sage den Menschen immer: »Wenn ich die Wendung nicht durchgemacht hätte und der Befreiungsschlag ausgeblieben wäre, würde ich heute bestimmt 150 kg wiegen und den Menschen mit meiner Unzufriedenheit ganz furchtbar auf den Keks gehen. Oder vielleicht gäbe es mich dann gar nicht mehr. Ich hätte dieser Qual irgendwann ein Ende gesetzt und mir damit die Chance genommen, mein Schatzkästchen mit all dem Großartigen zu füllen, mit dem es heute reichlich gefüllt ist und immer noch weiter befüllt wird. Ich habe so oft an einem Abgrund gestanden und wusste nicht, wofür ich weitermachen sollte. Heute weiß ich es: Für all die Glücksmomente, die ich erlebe und für mich, die ich dieses Leben liebe. Vor allem liebe ich mich selbst.

Ich erfülle mir heute meine Träume und Wünsche und kann es genießen, wenn ich wieder eine Etappe geschafft habe.

Heute darf ich all das Leben, was ich immer beschützt habe, weil ich wusste, dass ich es irgendwann würde leben dürfen.

Wenn ich zurückblicke, ist es heute immer noch ein Wunder für mich, was ich alles gewuppt und überlebt habe. Und dass ich heute, mehr als je zuvor, ein offener und positiver Mensch bin. Das ist einfach meine Natur. In sehr guten Momenten kann ich sogar sagen: »Da haben meine Eltern schon eine tolle, genetische Mischung hinbekommen.« Auch ihnen bin ich heute dankbar. Sie haben mir mein Leben geschenkt. Danke dafür!

Ich sage auch immer: »Was ich erlebt habe, reicht für zehn Leben.« Doch so langsam, aber sicher, fühlt es sich wie Erntezeit an. Ich habe mein Feld mit viel Mühe bestellt und nun darf ich die Ernte einfahren.

Mein neuer Lebensabschnitt.

Es ist so viel Klarheit in mir und zunehmend auch in meinem Leben. Ich weiß, was ich will und was ich besser lasse. Vor allen Dingen hat das Wort NEIN Einzug gehalten und hat einen festen Platz bekommen. Wer meine Spielregeln nicht akzeptieren kann oder will, fliegt raus. Denn faule Kompromisse bringen mich nur in eine Sackgasse. Lieber wenige gute Kontakte mit Zuverlässigkeit und Beständigkeit. In guten und in schlechten Zeiten!

Auch heute entdecke ich immer noch was Neues. Ich liebe das und integriere gerne neue Bekanntschaften oder Dinge und Rituale, die ich nach gründlicher Prüfung als passend für mich eingeordnet habe. So bin ich immer authentischer geworden. Hunde und Kinder stehen darauf besonders, genau wie ältere Menschen, mit denen ich am liebsten arbeite. Teilweise zerren Hunde ihre Herrchen über die Straße, nur um mit mir in Kontakt zu kommen. Für mich ist auch das ein Ergebnis meines Lebensweges. Ich liebe es ebenso, wenn manche Menschen eine seltsame Art haben, mit mir in Kontakt treten zu wollen. Wenn ich ihnen zu nah komme, gehen sie voll auf Krawall, um mich auf Abstand zu halten. »Laufen lassen« ist da meine Devise. Deren Baustelle!

Ich weiß heute, dass ich durch meine Art einen Schlüssel zu den Herzen habe und viele in der heutigen Zeit damit schlecht umgehen können. Ich finde das schade, habe aber auch gelernt, dass sich im Grunde jeder selbst auf die Reise begeben muss. Dass es meistens richtig weh tun muss und man ganz unten angekommen sein muss, bevor man etwas ändert. So reiche ich sehr gerne die Hand, doch laufen müssen die Menschen selbst. Für mich zählen Taten.

Heute lebe ich tatsächlich schon seit fünf Jahren im gleichen Ort und sogar in der gleichen Wohnung: Meine Burg und mein kleines Paradies. Da sind tatsächlich Wurzeln gewachsen. Die Zahl der Tage, an denen ich mich liebe, mein Leben liebe und zufrieden bin, wächst. Die Zeiten, in denen ich mit mir hadere und mich klein mache, werden immer seltener. Dann läuft ein großartiges Lied im Radio, eine Freundin ruft an oder ich gehe eine Runde um den Block und schon sieht die Welt wieder anders aus. Mein Werkzeugkoffer ist prall gefüllt. Ich gebe dem nach und lasse die Tränen laufen. Da meldet sich etwas, das gesehen werden möchte, und danach ist es wieder leichter.

Ich mache niemandem Illusionen und sage das auch immer in meinen Vorträgen in der Klinik: »Die Narben bleiben, dafür ist diese erste Prägung zu bedeutsam gewesen.« Doch ich habe gelernt, besser damit umzugehen, wenn es mal wieder blutet. Vor allen Dingen hat mir das Leben so viele Gegenreferenzen geliefert, dass diese Grundprägung immer mehr verblasst, genau wie es die Narben tun. Somit nimmt das Neue immer mehr Raum ein. Bricht doch etwas auf, weiß ich heute: Ich schaue es mir an, atme weiter und schaue, was es jetzt braucht. So bleibe ich immer auf der Reise und scheue mich nicht, eine unbequeme Entscheidung zu treffen. Für mich!

Veränderungen bringen mich immer noch kräftig durcheinander und bringen einen großen Schwung Unsicherheit mit sich. Doch heute trete ich den Weg nach vorne an: Bespreche es mit vielen Menschen, drehe und wende es, sag mir: »Was ist das Schlimmste, was passieren kann? – Ok, habe ich alles schon gehabt.« Und schon fahre ich runter. Vieles erledigt sich eh von selbst. Da ist so eine Gelassenheit entstanden, die sich auch immer schneller einstellt, wenn ich vor solchen Situationen stehe.

»Meine Wellen surfen« ist heute mein Motto.

Klare Entscheidungen für mich treffen.

Es gibt aber auch noch Situationen, in denen ich mich einigle. Doch ich finde das genau richtig so: Zeit zum Sortieren und Runterkommen. Schwung holen für all das, was in der Welt auf mich wartet. Ich gebe mir heute diese Zeit!

Ich bin vielschichtig und viele finden das so wunderbar. Ich bin ein hilfsbereiter Mensch mit großem Herz, doch heute mit ganz klaren Grenzen.

Da gibt es den fröhlichen Keks, das verrückte Huhn, Miss Disziplin, die traurige Christine und ganz sicher auch eine, die ganz hart und konsequent ist. Ich mache mich sehr gerne schick, kann aber auch in alten Klamotten im Dreck wühlen. Ich liebe es, mich verwöhnen zu lassen, übernachte aber auch gerne in der Jugendherberge (selbst da durfte ich mich schon wie eine Prinzessin fühlen, weil ich der einzige Gast war). Ich habe seit Jahren keinen Fernseher mehr und mir geht es besser. Ich habe es gerne ordentlich und alles an seinem Platz. Staub ist mein Freund und darf bei mir wohnen. Ich liebe es, am Wasser zu sein. Berge finde ich nur lästig. Ich fahre immer gerne an den gleichen Urlausort. Dann beginnt für mich die Erholung viel schneller, weil ich weiß, wo alles ist.

Ich kann aufgedreht sein, aber es gibt auch eine ruhige, sehr ruhige Seite an mir.

Ich liebe Karten mit Sprüchen drauf und meine Wohnung ist gut versorgt damit.

Zurzeit arbeite ich zweieinhalb Tage in der Woche. Es ist einfach gut. Ich komme mal wieder zum Denken und zur Ruhe. Ich habe das in der jetzigen Praxis so gut verhandelt, dass ich keine Existenzangst haben muss. Zum ersten Mal in meinem Leben! Und es ist einfach nur gut. Diese Angst hat mich über Jahrzehnte getrieben und hat mich vieles aushalten lassen. Doch mit dem Vertrauen ins Leben ist sie geschrumpft auf ein gesundes Maß. So genieße ich diese Zeit einfach. Irgendwann juckt es mich eh wieder.

All das wäre vor Jahren undenkbar gewesen. Damals hat die Arbeit meinen Tag strukturiert, was ganz wichtig war. Es ist alles gut so und alles hat seine Zeit. Einfach mal nichts tun, die Wolken beobachten und die Füße hochlegen. Das ist für mich Genuss. Nichts zu müssen!

Ich stelle immer wieder fest, wie wenig ich brauche, um zufrieden und glücklich zu sein. Da ich finanziell nie viel hatte, habe ich das Jonglieren gelernt und kann sparsam sein. So sehr, dass es schon fast an Geiz grenzt. Materielle Dinge haben mir noch nie viel gegeben. Den größten Luxus, den ich besitze, ist mein Auto »Paul«. Er ist seit über dreizehn Jahren mein treuer und zuverlässiger Begleiter. Mein Riesenstück Freiheit.

Beim Thema Männerwelt ruht zurzeit der See bei mir, was auch gut so ist. Die letzten Versuche sind so gründlich nach hinten losgegangen, dass ich derzeit einfach den Fokus auf mich und meine Projekte lege. Hinsichtlich dessen gibt es noch ein Thema, an dem ich arbeite. Eine alte Kiste ausräumen und diese alten Muster auflösen. Alles andere wird die Zeit zeigen. Denn auch ich habe noch Träume und Wünsche. Auch in dieser Hinsicht!

So kommt auch heute immer nochmal etwas, auf das ich genau schaue und woran ich arbeite, wenn es wichtig für mich ist. Manche Dinge lasse ich auch einfach, weil sie mich nicht stören.

Liebe ist für mich heute die Essenz des Lebens.

Das, worum es unter dem Strich geht. Ohne Liebe gehen wir ein wie eine Primel. Sich selbst zu lieben ist für mich der größte Schlüssel und auch die größte Herausforderung. Ich kann mich heute lieben mit all meinen Facetten und Spezialeffekten – auch nicht jeden Tag, doch die meiste Zeit bin ich sehr zufrieden, wenn ich in den Spiegel schaue.

Ich liebe meinen Beruf. Ich liebe es, Menschen zu berühren und ihnen etwas Gutes zu tun.

Für mich gibt es fast kein schöneres Gefühl als den Moment, in dem ich merke, wie sich jemand unter meinen Händen entspannt. Jedes Mal berührt mich das tief. Dann weiß ich, dass ich genau an der richtigen Stelle bin.

Energie-Vampire bleiben ganz klar außen vor.

Sicher wollen viele etwas von meiner Energie abhaben, doch heute gibt es dazu ein ganz schnelles NEIN von mir. Ebenso wie ich klar auf Abstand gehe bei Menschen, die versuchen, mich zu untergraben und das Positive in mir kaputtzumachen – aus welchen niederen Motiven auch immer, die ihnen häufig womöglich gar nicht bewusst sind. Dann fährt mein Schutzwall hoch und ich schaue zu, wie der andere rotiert und zum Terrier wird. Ich sehe zu, dass ich Land gewinne. Auf Abstand geht es dann häufig. Die Dosis macht das Gift.

In meiner Wohnung hängt eine Karte, auf der steht: »Ich brauche keinen Mittelfinger, ich mache das mit den Augen.« Heute bin ich mir dieser Macht bewusst, und setze sie auch, wenn nötig, ein. Die Wirkung erstaunt mich immer wieder aufs Neue.

Da ich sehr friedfertig bin, lasse ich gerne jeden Jeck wie er ist und schreite erst ein, wenn meine Grenzen überschritten werden. Leben und leben lassen ist meine Devise. Doch ist das Maß voll, möchte ich nicht der andere sein. Dann bin ich gnadenlos und sehr konsequent. Ich habe gelernt, es auch mal knallen zu lassen. Meist schneiden sich die Leute damit ins eigene Fleisch, doch jeder ist seines Glückes Schmied.

Ich bin ein »Wahrheitstierchen«. Es kommt früher oder später alles ans Tageslicht. Vor allem bekomme ich meine Antworten und Wahrheiten immer. Manchmal dauert es etwas, aber im Endeffekt kommt die Wahrheit auf den Tisch. Meistens sogar frei Haus, denn meine Intuition trügt mich fast nie.

Das Thema Selbstfürsorge wird heute bei mir ganz großgeschrieben. In allen Bereichen meines Lebens. So komme ich gerade dazu, mich dem Thema Gesundheit zu widmen. Leider erbt man nicht nur die guten Sachen und so habe ich mich auf den Weg gemacht. Dazu sind jetzt, wo es nicht mehr nur um das reine Überleben geht, Kapazitäten frei.

So bleibe ich offen, neugierig und freue mich auf all das, was das Leben für mich bereithält. Der Drache breitet seine Flügel aus und erhebt sich in die Lüfte.

Auf zu neuen Abenteuern!

Nachwort

… Wie? Das war‘s?

Was lange währt, wird endlich gut. Ich sitze hier und fasse es noch gar nicht. Ich schreibe das Nachwort.

Einfach nur »Wow«!

Ich hoffe, das Gelesene hat ein wenig geschüttelt und berührt. Alles andere hat jeder selbst in der Hand.

Beim Schreiben der letzten beiden Kapitel kam bei mir so etwas wie Besessenheit auf. Da habe ich jede freie Minute genutzt, um zu schreiben – das Ziel in Sichtweite.

Jetzt zerreiße ich gerade das Zielband und laufe mit hocherhobenen Armen und einem Leuchten in den Augen durch das Ziel.

Von der Idee bis jetzt hat es Jahre gedauert. Doch es ist vollbracht.

Ich danke allen Menschen, die mir Mut gemacht haben und an mich glauben.

Ich danke vor allem denen, die nicht an mich glauben. Ihr seid im Grunde meine noch größeren Motivatoren.

Mein Motto für 2021 war »Aufbruch und Träume werden wahr«. Als ich gerade das Bild gesehen habe, das mich daran erinnert, kamen mir die Tränen.

Mein Traum, ein Buch zu schreiben.

Ich habe es getan.

Was gebe ich den Menschen bei meinen Vorträgen immer mit?

– Einen Kugelschreiber mit den Worten:

Liebe, Lache, Tanze!

Auf geht's!

Mit einer Arschbombe ins Leben!

… und mit ganz viel Dankbarkeit!

Danksagung

Danke

… an die kleine Christine, die das alles aus- und durchgehalten hat. Immer mit der Hoffnung im Herzen, dass es irgendwann anders wird.

… an mich. Das ich immer und immer wieder aufgestanden bin und mich weiter auf die Reise gemacht habe. Mir Hilfe gesucht und angenommen habe.

… an meinen ersten Thomas, der mich hat fühlen lassen, wie es ist bedingungslos geliebt zu werden.

… an Birgit und Stefanie meine ersten Leserinnen.

… an all die Therapeuten und Coaches die sich tatsächlich mit mir auseinander gesetzt haben und es drauf haben mich abzuholen.

… an meinen ehemaligen Yogalehrer, der das Wort und Gefühl Ruhe zu mir gebracht hat.

… an all die tollen Patienten, ehemalige Patienten, Angehörige von ehemaligen Patienten die mit ihrer egal wie gearteten Unterstützung dafür gesorgt haben, dass dieser Traum wahr wird.

… an meinen Chef. Für seine Unterstützung und das berufliche Zuhause was er mir ermöglicht.

… an all die Engel meines Lebens. Manche begleiten mich schon sehr lange, andere manchmal nur eine kurze Wegstrecke. Ihr seit alle in meinem Herzen.

… an die Musiktherapeutin in meiner ersten Reha die mich »geknackt« hat. Die Reha wo ich mich das erste Mal im Leben sicher und geborgen gefühlt habe.

… an meine dritte Reha, die mir sehr nachhaltig so viel nochmal mitgegeben hat.

… an mein Oma. Eine der tollsten Frauen, die ich kenne.

… an meine Eltern. Ihr habt mir mein Leben geschenkt. Habt ihr eine ziemlich coole Mischung hinbekommen.

… an den Verlagsdienstleister, der diesen Traum mit mir gemeinsam erfüllt.